MARIO DE MORAES

PERFIS
NACIONAIS

Dados Internacionais de Catalogação na Publicação (CIP)
(Câmara Brasileira do Livro, SP, Brasil)

Moraes, Mario de
　　　　Perfis Nacionais: 3/ Mario de Moraes. — São Paulo: LTr, 2005.

ISBN 85-361-0655-7

1. Biografias — Século 20 2. Celebridades — Brasil I. Título.

04-8457　　　　　　　　　　　　　　　　　　　　CDD-920.081

Índices para catálogo sistemático:

1. Brasil: Personalidades ilustres: Biografia: Coletâneas 920.081
2. Personalidades ilustres: Biografia: Coletâneas: Brasil 920.081

(Cód. 3082.7)

Todos os direitos reservados

EDITORA LTDA.

Rua Apa, 165-Cep 01201-904 - fone (11) 3826-2788 fax (11) 3826-9180
São Paulo, SP - Brasil - www.ltr.com.br

Março, 2005

ÍNDICE

Apresentação	5
Anita Garibaldi	7
Antonio Callado	19
Aracy de Almeida	27
Ary Barroso	37
Castro Alves	53
Érico Veríssimo	65
Lamartine Babo	79
Leônidas da Silva	91
Procópio Ferreira	101
Roquete Pinto	113
Sylvio Caldas	123
Vinícius de Moraes	131

APRESENTAÇÃO

A boa acolhida das duas coletâneas anteriores de *Perfis* nacionais é a principal razão de ser desta terceira.

As minibiografias dos dois primeiros volumes tinham quase todas sido publicadas inicialmente no "Terceiro Tempo – Jornal do Aposentado e do Servidor Público". Desta vez, ao contrário, quase todas foram especialmente pesquisadas e preparadas para esta série. Seu autor é o mesmo, o conhecido jornalista e escritor Mario de Moraes, cujo expressivo currículo continua na orelha do volume.

Graças à animadora acolhida, a LTr Editora está cada vez mais convencida do acerto e alcance da publicação de biografias resumidas de brasileiros que nos legaram modelares lições de vida.

Trata-se de matéria de acentuado interesse geral, porém valiosa sobretudo para dois grupos específicos, como está ressaltado na apresentação dos dois volumes anteriores. As pessoas de mais idade encontrarão aqui saudosas reminiscências de vultos e fatos conhecidos; e para os jovens são construtivos exemplos de profícuas existências.

Não será demais repetir outro aspecto positivo assinalado nas coletâneas precedentes: em ambos esses casos, mas principalmente no primeiro, a publicação destas minibiografias se enquadra nos programas próprios do Serviço Social do Comércio (SESC) e entidades congêneres.

Também como nas duas primeiras edições, a cuidadosa qualidade gráfica e a letra um pouco maior que de costume têm a dupla vantagem de tornar mais cômoda a leitura e de proporcionar estímulo psicológico para o rápido avanço nela.

Celso Barroso Leite
Rio, fevereiro 2005

Anita Garibaldi

Heroína de dois mundos

A história de Anita Garibaldi, tida como heroína no Brasil e idolatrada na Itália, é causa de muita polêmica, principalmente pela turma do contra, que não concorda com o fato de ela ter abandonado a família para seguir Giuseppe Garibaldi, um político italiano envolvido com a Revolução Farroupilha.

Hoje, no entanto, ninguém pode ignorar que Anita foi uma mulher excepcional, de invulgar coragem, que arriscou a vida diversas vezes em combate, não só para salvar-se como para proteger os homens que comandava.

Até alguns anos atrás, no entanto, o seu passado quando jovem foi fruto de muitos desentendimentos. O *Diário da Tarde* de 29 de julho de 1939 conta que um arrebatado deputado à Constituínte, referindo-se a Anita Garibaldi, chamou-a de vagabunda. Os demais congressistas saíram em defesa da brava mulher e o irresponsável tratou de retratar-se. O fato é que acusações desse tipo acompanharam Anita por muito tempo no Brasil. Até a sua avó, segundo um dos seus descendentes, o radialista Evaldo Bento, sempre que tocavam no assunto esbravejava: "Essa Anita que eles falam aí é a Aninha, aquela vagabunda."

O *Diário da Tarde*, no entanto, naquela mesma edição, replicou: "Queiram ou não os moralistas severos da História – foi uma heroína cuja memória não será esquecida. Se a gente vasculhar a vida particular de muitos heróis emedalhados, possivelmente encontraremos nela muita roupa suja."

E o escritor Oswaldo Rodrigues Cabral, na introdução do excelente *Anita Garibaldi – Uma Heroína Brasileira*, de Wolfgang Rau, comenta cinicamente: "Não faz sentido pensar que para ser uma heroína, para ter ingresso na imortalidade, para se figurar no Panteão da Pátria, é imprescindível atestado de boa conduta, folha corrida, carta e antecedentes ideológicos, atestado de vacina, CPF e outros documentos que nos situam no tempo e no espaço, a nós simples mortais, que figuramos do lado de cá da aurora boreal da glória."

As dúvidas persistem

Onde, afinal, nasceu Anita Garibaldi? Há controvérsias. A maioria aponta a cidade catarinense de Laguna, mas há os que defendem que ela veio ao mundo em Tubarão ou Lajes. Para os mais conceituados historiadores, Anita nasceu na localidade de Mirim, hoje pertencente a Imbituba, na época sob jurisdição de Laguna.

Recentemente foi descoberto um documento no Museu Anita Garibaldi, em Laguna, que praticamente prova que ela veio ao mundo em Mirim. O historiador e pesquisador Amadio Vetoretti, do Arquivo Histórico de Tubarão, folheando o livro *Querelas* de 1815 a 1830, de Laguna, encontrou um auto que acusa o pai de Anita de ter atacado com uma faca um sujeito chamado João da Costa Coimbra. Isto aconteceu em 1822. Se Bento Ribeiro da Silva morava, naquela época em Morrinhos de Tubarão, localidade pertencente a Laguna, e Anita nasceu em 1821, dá para concluir que ela também vivia naquele lugar.

Bento Ribeiro da Silva, pai de Anita, era tropeiro, natural de São José dos Pinhais, filho de Manoel Colaço e Ângela Maria, tendo se casado em 13 de junho de 1815, em Lajes, com Maria Antônia de Jesus, nascida em 12 de junho de 1788, filha de Salvador Antunes, natural de Sorocaba (SP), e Quitéria Maria Souza, natural de Laguna. Anita teve oito irmãos.

A humilde Ana Maria Ribeiro da Silva, analfabeta, mais conhecida como Aninha do Bentão, natural da cidade catarinense de Laguna, na verdade foi soldado, enfermeira, esposa e companheira exemplares. E sempre lutou pela liberdade e justiça. Tornando-se, como ficou historicamente conhecida, a "Heroína de Dois Mundos". Isso não há como contestar.

Um casamento fracassado

Recuando no tempo vamos chegar ao dia 30 de agosto de 1835, quando Anita, elegantemente vestida, para aquela época e para as suas posses, dirigiu-se à Igreja Matriz de Laguna, onde casou-se com Manoel Duarte de Aguiar, um sapateiro nascido na Barra da Lagoa ou dos Ingleses, em Desterro, hoje Florianópolis (SC). O lavrado encontra-se no Livro de Casamentos de 1832 a 1844 da mesma igreja, registrado pelo padre Manuel Francisco Ferreira Cruz, atualmente pertencente ao Arquivo Episcopal de Tubarão.

Existem diversas razões para explicar porque Anita deixou Manoel Duarte e seguiu Giuseppe Garibaldi. É fácil entender que uma mulher voluntariosa como ela dificilmente iria se adaptar ao viver tranqüilo e aborrecido de uma vida ao lado de um sapateiro. Em segundo lugar, Giuseppe era um homem charmoso, forte, bonito, capaz de facilmente conquistar uma moça como ela. O escritor Wolfgang Rau dá esta explicação para o fato: "Anita foi gravemente negligenciada e mesmo abandonada por seu primeiro marido (...) após o casamento, ele continuou com seu trabalho, limitado a bater solas, gostar de cachorros e de pescarias noturnas. Dificilmente se lhe via um sorriso. Acanhado com as pessoas estranhas, provia, metódico e organizado, o difícil pão de cada dia."

Além de não conseguir dar-lhe um filho, Manoel Duarte era muito ciumento, fazendo com que Anita permanecesse quase todo o tempo trancada dentro de casa. Até hoje está envolto em mistério o que aconteceu com ele, depois que Anita e Garibaldi se conheceram e foram viver juntos. Entre as diversas versões existe aquela que conta que Manoel Duarte e seu pai, Bentão, encontravam-se enfermos e de cama quando da chegada dos revolucionários farroupilhas a Laguna e que o marido de Anita morreu num hospital local.

Outros garantem que os soldados comandados por Garibaldi o mataram. Segundo um descendente de Manoel Duarte, "Garibaldi levou Anita para uma moradia no lugar denominado Rincão, bairro de Laguna, onde passaram a viver juntos."

A Revolução Farroupilha

Para melhor esclarecimento, é preciso lembrar o que foi a Revolução Farroupilha. Ela durou de 1835 a 1845, durante a fase inicial da colonização alemã do Rio Grande do Sul. Os gaúchos negavam-se a aceitar a subordinação a que o governo central brasileiro submetia seu Estado. Com a Revolução eles pretendiam implantar uma república independente, levando para o Sul do continente os ideais de liberdade em voga na Europa.

Também conhecido como Guerra dos Farrapos, o movimento foi contido com muita dificuldade pelo governo central, que enviou boa parte do Exército para o Rio Grande do Sul. O conflito terminou com o governo brasileiro entrando em acordo com os revoltosos. Nenhum deles foi punido e os oficiais foram reintegrados ao Exército Brasileiro.

Anita entra na briga

Vivendo com Giuseppe Garibaldi, Anita, de temperamento forte e guerreiro, desde logo desejou lutar ao lado dos lanceiros farroupilhas. E participou de algumas batalhas, enfrentando corajosamente as balas inimigas. Além disso, ela cuidava dos feridos e procurava ensinar Garibaldi a combater em terra, já que ele era um guerreiro naval. Foi Anita, inclusive, que ensinou o companheiro a montar a cavalo. No histórico dia 14 de dezembro de 1839, 500 soldados republicanos, entre eles Anita Garibaldi, derrotaram dois mil soldados imperiais. Uma façanha militar relembrada até hoje.

Quatro dias depois Anita, Garibaldi e demais componentes da tropa dos farrapos entravam triunfalmente em Lajes, ali instalando os comandos militares e o governo da República Catarinense. Numa carta que Anita escreveu para uma irmã, ela descreve: "(...) Nos dias que se seguiram àquela luta, chegamos a Lajes sem maiores dificuldades e fomos acolhidos alegremente pela família e pelos amigos. Já encontramos uma casinha bonita, toda de madeira. Não consigo acreditar que estou vivendo sozinha com José. Estamos muito felizes, rimos e brincamos de donos-de-casa, quando os nossos amigos vêm nos visitar (...) Mas devo confessar que às vezes começo a duvidar de que um dia o mundo será realmente diferente. Talvez ele melhore para os nossos filhos (...) Evito dizer isso aos nossos fervorosos sonhadores, que por mais que discutam não sabem dizer por quanto tempo resistiremos em Lajes (...)."

Com Lajes nas mãos dos republicanos foram cortadas as comunicações e os movimentos terrestres das tropas imperiais com o Rio Grande do Sul. Os revoltosos, entusiasmados, pensaram, então, em retomar Laguna e atacar Desterro. Com isso estaria consolidada para sempre a independência do Rio Grande do Sul e de Santa Catarina.

As coisas, porém, não se passaram dessa forma. Sabendo que as tropas imperiais pretendiam retomar Lajes, os republicanos dividiram-se em duas colunas, saindo em direção a Curitibanos, onde pretendiam interceptar o inimigo. Cento e cinqüenta homens a cavalo seguiram comandados por Garibaldi. Anita ficou encarregada do transporte da munição e do comando de vinte homens. Infelizmente, as tropas imperiais eram em muito maior número e acabaram cercando os revoltosos. Anita, ansiosa por entregar a munição, acabou surpreendida por um destacamento imperial, havendo intenso tiroteio. Não desejando entregar-se nem permitir que o inimigo tomasse a munição, montada a cavalo, Anita lutou enquanto pôde com espada em punho, mas terminou sendo aprisionada. Garibaldi, em certo trecho de longa correspondência, enaltece a coragem da companheira: "(...) excelente cavaleira e montando um admirável cavalo, bem poderia Anita ter fugido, mas dentro desse peito de mulher batia o coração de um herói: em lugar de fugir, animava os soldados a defenderem-se e, num momento, se viu cercada pelos imperiais. Anita enterrou as esporas no ventre do cavalo e dum salto passou pelo meio do inimigo, não tendo recebido mais do que uma única bala, que lhe atravessou o chapéu e levou parte dos cabelos, sem lhe tocar o crânio. Talvez ela pudesse fugir se o cavalo não caísse ferido mortalmente por outra bala e, sendo obrigada a render-se, foi apresentada ao coronel inimigo."

Anita, no entanto, conseguiu fugir, atravessando a nado o rio Canoas, agarrada à crina de um cavalo, indo encontrar-se com Garibaldi em Vacaria. No Rio Grande do Sul deu à luz seu primeiro filho, Menoti, só deixando de combater quando Garibaldi, em São Gabriel, foi dispensado das armas farroupilhas por Bento Gonçalves. Em 1841 Garibaldi e Anita foram para Montevidéu, no Uruguai, onde passaram sérias dificuldades, antes de se mudarem para a Itália.

Dez anos de felicidade

Anita conheceu Giuseppe Garibaldi em 1839, vivendo com ele um ardente amor que durou dez anos, até o seu falecimento em 4 de agosto de 1849, em Mandriole, Itália. Dispostos a resguardar a imagem da brava mulher, Garibaldi e seus filhos ocultaram de forma obstinada o fato de Anita ter sido casada com Manoel Duarte. Nem mesmo a família italiana de Garibaldi conhecia esse fato.

Giuseppe Garibaldi nasceu em Nice, em 1807, e faleceu em Caprera, em 1882. Devido a uma tentativa frustrada de ataque a Gênova, em 1836, foi obrigado a fugir para o Brasil e depois, em 1841, para o Uruguai. Em nosso país conheceu Bento Gonçalves, líder da Revolução Farroupilha, juntando-se às suas tropas e participando de diversos combates com os batalhões imperiais. Em 1839 conheceu Anita, passando a viver inúmeras aventuras com ela. Em 1848 retornou à Itália em companhia de Anita, combatendo os austríacos na Lombardia.

Garibaldi e Anita lutaram bravamente pela unificação da península. Anita, sempre ao lado dele, tomou parte em diversos combates, até que adoeceu quando fugiam para a Suíça. Próximo de San Alberto ela veio a falecer. Foi sepultada no cemitério das Mandriolas, em Ravenna, onde dez anos depois Garibaldi e os filhos recolheram os seus restos, transportando-os para Nice, onde foram incinerados.

Considerada heroína no Brasil e na Itália – onde é apresentada como símbolo da Unificação Italiana -, Anita Garibaldi foi homenageada com monumentos em Roma, Ravenna, Porto Alegre, Belo Horizonte, Florianópolis, Juiz de Fora, Tubarão e Laguna.

O historiador Ruben Ulysséa descreve Anita como uma bela mulher. Franzina de corpo, com um metro e sessenta e cinco. "O rosto moreno era de um oval perfeito, a testa larga emoldurava-se nos cabelos pretos e lisos, que trazia repartidos ao meio e arrepanhados sobre a nuca. Tinha os olhos negros e ardentes, o movimento gracioso e ágil."

Politicamente é interessante lembrar que, nas décadas de 30 e 40, Anita serviu, sem sua concordância, aos interesses do fascismo de Mussolini, na Itália. No Brasil, sua imagem heróica foi utilizada pelo integralismo de Plínio Salgado, enquanto os membros do Partido Comunista faziam questão de colocá-la como aliada. A tal ponto que Luiz Carlos Prestes deu seu nome à primeira filha, que teve com Olga Benário.

Antonio Callado

Um senhor repórter

Alguns acreditam que, quando a hora final está para chegar, aquele que está prestes a despedir-se deste mundo tem uma espécie de premonição. Pelo menos foi isso que aconteceu com o escritor, dramaturgo e jornalista Antonio Carlos Callado. Dias antes do seu falecimento, numa entrevista dada à *Folha de S. Paulo*, lamentou: "Fazer 80 anos é um horror! É uma idade para o sujeito morrer, nada mais além disso."

E no dia do seu enterro sua segunda esposa, a jornalista Ana Arruda, ao atirar pétalas brancas sobre o seu caixão, declarou: "Fui tão feliz com esse homem tanto tempo que dá para agüentar. Para mim, é um consolo muito grande saber que ele achava que era hora de ir embora. Ele estava cansado."

Callado comemorou os 80 anos no dia 26 de janeiro de 1997. E faleceu dois dias depois.

Um brasileiro na BBC

Poucos jornalistas e escritores brasileiros podem apresentar tantas e tão boas realizações durante sua vida profissional. Antonio Callado nasceu a 26 de janeiro de 1917, em Niterói (RJ). Caçula e único filho homem do médico e poeta parnasiano Dario Callado e da professora Edite Pitanga, ele tinha três irmãs.

A imensa biblioteca do pai o fascinava e, desde menino, adquiriu o hábito da leitura, principalmente de livros de autores franceses e do nosso Euclides da Cunha. Em 1939 formou-se em Direito, mas nunca pretendeu exercer a profissão de advogado. Quando, em 1941, a Segunda Guerra Mundial estava no auge, foi contratado pela rádio inglesa *BBC* para trabalhar no departamento voltado para o Brasil.

Em Londres presenciou os terríveis bombardeios da aviação nazista, que quase destruíram a capital inglesa. Na *BBC* trabalhava uma inglesinha, Jean Maxine Watson, que funcionava como assessora para a América Latina. Apaixonou-se por ela. Casaram e tiveram três filhos, Paulo, Antonia (já falecida) e Tessy. Em 1944 mudou-se para Paris, contratado pela *Radio-Diffusion Française*. E em 1947 voltou ao Brasil.

Muito antes, em outubro de 1937, aos 20 anos, iniciara sua carreira de jornalista, escrevendo pequenas crônicas para o jornal *A Notícia*, do Rio de Janeiro. Nesse mesmo ano entrou para o *Correio da Manhã* (RJ). Em 1939 foi para *O Globo* onde até 1941 assinou uma coluna com o pseudônimo de Anthony

Callado. Ele não se conformava, porém, com a rigorosa censura do Estado Novo, implantada pelo ditador Getúlio Vargas. Por isso, aceitou um emprego na *BBC* de Londres, quando essa rádio montou uma equipe para enfrentar a intensa propaganda hitlerista, com jornalistas transmitindo em 57 idiomas.

Regressando ao Brasil, voltou a trabalhar novamente no *Correio da Manhã*.

Um jornalista exemplar

Callado teve importantes participações na reportagem, como em 1948, quando cobriu a 6ª Conferência Pan Americana, na Colômbia, e assistiu de perto o *Bogotazo*, uma das mais violentas rebeliões populares da América Latina. Uma luta que marcou política e definitivamente um jovem estudante de Direito, que se encontrava naquele país: Fidel Castro.

Em 1952 Callado acompanhou a expedição do filho do coronel inglês Brian Fawcett à Amazônia, à procura dos restos do pai, que sumira em 1925, quando procurava a cidade perdida do Xingu. Escreveu, então, uma magnífica reportagem, *Esqueleto na Lagoa Verde*, que já demonstrava sua forte preocupação com o futuro do índio brasileiro. Na ocasião, declarou Callado: "O índio não faz perguntas embaraçosas pelo simples fato de não conhecer o embaraço. Ainda vive aquém do Bem e do Mal."

Em 1954, quando Pedro Costa, redator-chefe do *Correio da Manhã*, faleceu, Callado assumiu o seu lugar, nele permanecendo até 1959. Nesse ano assinou a série de reportagens *Os Industriais da Seca e os Galileus de Pernambuco*, uma violenta denúncia contra as desigualdades sociais do Nordeste. Celso Furtado, na época diretor da Sudene, recordaria esses trabalhos em sua autobiografia, *A Fantasia Organizada*.

Quando o regime militar instalou-se no Brasil, Antonio Callado pediu demissão do *Correio da Manhã*. Ele não se conformava com o fato de terem afastado seu colega Carlos Heitor Cony, devido à coluna que este assinava e que criticava os governantes de então. Foi para o *Jornal do Brasil*, onde passou a exercer a função de editorialista. Em 1965 foi acusado de subversão e preso junto com outros intelectuais. Entre eles, Gláuber Rocha e Carlos Heitor Cony. Na cadeia Callado teve a idéia de escrever *Quarup*, seu romance mais famoso. A obra foi lançada em 1967 e adaptada para o cinema, por Ruy Guerra, em 1989. O livro, de conteúdo explosivo, conta dez anos da História do Brasil, do suicídio de Getúlio Vargas ao golpe de 1964. Tudo visto através do jovem padre Nando. Callado foi preso mais quatro vezes durante o regime militar.

Em 1967 ele teve seus direitos políticos cassados por dez anos. Absorveu o golpe e, em 1971, escreveu e lançou a novela *Bar Don Juan*, na qual, de forma irônica, fala na sua descrença da luta armada contra a ditadura.

Na Guerra do Vietnã

Em 1968 Antonio Callado realizou seu melhor trabalho de reportagem. Depois de dez meses de insistentes pedidos, ele conseguiu um visto do governo revolucionário do Vietnã do Norte e embarcou para esse país em plena guerra. Foi o primeiro jornalista latino-americano a escrever sobre o sangrento conflito. As reportagens que assinou tiveram tal repercussão que *The New York Times* comentou-as com destaque. As autoridades norte-vietnamitas, impressionadas com a isenção do trabalho de Callado, encarregaram-no de levar para os Estados Unidos 30 cartas de prisioneiros americanos. Mais tarde ele transformaria essas reportagens num livro, *Vietnã do Norte, Advertência aos Agressores*.

Àqueles que criticaram sua visão esquerdista da Guerra do Vietnã, chamando, inclusive, os vietnamitas de heróis, Callado respondeu, por escrito, que obteve suas informações "perguntando diretamente aos dirigentes de Hanói, a heróis de guerra, camponeses em arrozais e roças de mandioca e a pilotos americanos no cárcere."

Sempre se disse um homem de esquerda e, numa de suas últimas entrevistas, reafirmou: "Nunca me filiei a nenhum partido. Permaneço fiel, absolutamente fiel, ao que fui e sou: um homem de esquerda, que crê no Socialismo."

Embora tenha se aposentado do jornalismo em 1975, Antonio Callado continuou a colaborar na imprensa, como colunista da *Folha de S. Paulo*.

Tempo de escritor

Em 1976, resolveu dedicar-se em tempo integral à literatura e publicou o romance *Reflexos do Baile*, a sua obra preferida. Rascunhava seus textos à mão, para depois passá-los a limpo numa velha máquina de escrever. No final, tinha uma datilógrafa para esse serviço. Sempre elegante, no falar e no vestir, dono de um humor ágil, fino e certeiro, foi batizado por Nelson Rodrigues como "o único inglês da vida real". E pelo psicanalista Hélio Pellegrino, "um doce radical".

Além de autor de diversos livros, Antonio Callado assinou muitas peças teatrais, a maioria delas focalizando problemas sociais. A primeira, de 1951, é *O Fígado de Prometeu*. *A Cidade Assassinada* é de 1954. Mas é na terceira, *Frankel*, de 1955, que Callado dá um consistente tratamento dramático ao seu trabalho. Com *Pedro Mico* – sua peça mais conhecida –, de 1957, ele comemora seu primeiro sucesso de bilheteria. Nessa versão ela teve a direção de Paulo Francis, cenário de Oscar Niemeyer e participação do ator Milton Moraes, que viveu a história de um morador da favela da Catacumba (que ficava no bairro carioca da Lagoa e foi extinta ao tempo do Governador Carlos Lacerda). *Pedro Mico* foi a primeira peça de uma série denominada pelo próprio Callado de *Teatro Negro*, referindo-se aos problemas raciais existentes em nosso país. Entre elas, *O Tesouro de Chica da Silva*, *A Revolta da Cachaça* e *Uma Rede para Iemanjá*. As peças de Callado, de profundo cunho social, retratando as desigualdades existentes no Brasil e defendendo os marginalizados, foram escritas de 1957 a 1982.

Os livros de Antonio Callado podem ser divididos em três categorias: reportagem, biografia e romance. Nos primeiros, *Esqueleto na Lagoa Verde*, de 1953; *Os Industriais da Seca*, de 1960; *Tempo de Arraes*, de 1965; *Vietnã do Norte*, de 1969; e *Entre o Deus e a Vasilha*, de 1985. Como biografia, apenas *Retrato de Portinari*, de 1957. Finalmente, os romances: *Assunção de Salviano*, de 1954; *A Madona de Cedro*, de 1957; *Quarup*, de 1967; *Bar Don Juan*, de 1971; *Reflexos do Baile*, de 1976; *Sempreviva*, de 1981; *A Expedição Montaigne*, de 1982; *Concerto Carioca*, de 1985; e *Memórias de Aldenham House*, de 1989.

Até pouco antes de falecer Antonio Callado trabalhava no seu último romance. Indagada a respeito,

Ana Arruda declarou que "Antonio era muito reservado. Ele só me deixava ler quando já estava tudo terminado e passado a limpo. Agora é que vou ler". Informou, porém, que para o marido a obra estava incompleta.

O fim de um imortal

Antonio Callado faleceu na Clínica São Vicente, no Rio de Janeiro, ao lado da filha, a atriz Tessy Callado, no dia 28 de fevereiro de 1997. Ele sofrera uma queda em seu apartamento, que provocara-lhe fratura no colo do fêmur. Bastante debilitado devido a um câncer na próstata, contra o qual lutava há doze anos e que o levou a fazer duas cirurgias (em 1984 e em 1989), não teve forças para resistir.

Imortal, eleito em 1994, seu corpo foi velado na Academia Brasileira de Letras. Antes que a primeira foto de Callado no caixão fosse batida, Ana Arruda, a esposa, procurou melhorar sua aparência, argumentando: "Quero apresentar meu marido como ele sempre foi: digno, bonito e elegante."

Antonio Callado foi sepultado no Cemitério São João Batista (RJ), vestindo o fardão da ABL, que ele tanto detestava. Os prefeitos de Niterói – sua cidade natal – e do Rio de Janeiro decretaram luto oficial de três dias.

Aracy de Almeida

A Arquiduquesa do Samba

Havia uma injusta lacuna na bibliografia da Música Popular Brasileira: a inexistência de uma obra sobre Aracy de Almeida, uma das maiores cantoras brasileiras, intérprete maior de Noel Rosa. Não há mais. Com *Araca - Arquiduquesa do Encantado*, o poeta e compositor Hermínio Bello de Carvalho, um bamba em MPB, apresenta completa biografia daquela que é conhecida como "o samba em pessoa".

No prefácio, Sérgio Cabral declara: "Sou testemunha de quanto se amavam, de quanto se conheciam e de quanto se confessavam. Para se ter uma idéia, fosse Aracy de Almeida a sobrevivente da dupla, ninguém teria mais do que ela autoridade para escrever sobre Hermínio Bello de Carvalho, a quem chamava carinhosamente de Belo Hermínio." E a própria Aracy confessava: "Quem sabe de mim, mais que eu, só o Hermínio Bello de Carvalho."

Aracy de Almeida não poderia ter melhor biógrafo.

A Araca do Encantado

Hermínio conviveu por quase 30 anos com Aracy de Almeida e participou intimamente de boa parte de sua vida. Em *Araca - Arquiduquesa do Encantado* ele revela o bom humor da cantora, escondido atrás do seu jeito ranzinza; o seu gosto pelas artes plásticas – tornando-a amiga de pintores como Di Cavalcanti –; a conversa recheada de gírias aprendidas com os malandros da Lapa carioca e os ouvidos viciados nas obras de Mozart e outros compositores clássicos. O título do livro tem explicação. Araca era como os amigos a chamavam; Encantado, o bairro do Rio onde nasceu.

Por muito tempo Hermínio insistiu para que Sérgio Cabral escrevesse a biografia de Aracy, mas ele achava que não era o mais indicado para isso: "Conheci Aracy muito bem, convivemos na boêmia, trabalhamos juntos em várias oportunidades e viajamos inúmeras vezes no mesmo trem noturno Rio - São Paulo ("o avião dos covardes", como Ciro Monteiro e ela batizaram o trem), mas minha autoridade para escrever sobre ela não passa de 10% se comparada à de Hermínio, embora ele faça questão de esclarecer que sua obra não é uma biografia. Mesmo não sendo, não creio que outra obra seja capaz de pintar um retrato tão completo e verdadeiro de Aracy de Almeida."

O y Aracy adotou, segundo ela mesma, porque "fica mais bacana". Ela não gostava do seu nome, mas os pais o escolheram porque queriam que todos os filhos tivessem nomes começando pela letra A. "Por mim, eu seria Maria", confessava.

Num longo bate-papo com Hermínio Bello de Carvalho, vamos conhecendo aos poucos quem era Araci Teles de Almeida, nascida em 17 de agosto de 1914, que faria 90 anos se viva fosse. Hermínio puxa pela memória para responder a todas as nossas perguntas. De quando em quando recorre a suas inúmeras entrevistas com a cantora, para obter alguns dados: "Segundo Aracy, a primeira vez que cantou frente a um microfone foi em 17 de agosto de 1934, num programa na Rádio Educadora do Brasil. Justo no dia em que conheceu Noel Rosa. "Foi amor à primeira vista, Aracy?" "Foi. Eu amava o Noel. Ele foi a única pessoa que no meio radiofônico da época simpatizou comigo e me deu todo o repertório dele pra eu cantar." "Você se apaixonou por ele?" "Francamente, Noel não era o meu tipo. Nunca tive nada com ele. Apenas ele gostava de mim porque era um grande boêmio (...) Noel tinha uns conhecimentos dos piores, só conhecia malandro, cara vagabundo, pessoas de cabaré e aquela coisa toda (...)" Quando indaguei se Noel era um pilantra, Aracy foi franca: "Eu não posso falar mal do Noel. Mas ele não era flor que se cheirasse mesmo. Pra mim, ele sempre me tratou muito bem e gostava muito de mim. Mas o Noel Rosa sempre foi de dar uma música a uma pessoa e depois dar a outra. Botava apelido em todo mundo, dizia muitos palavrões, não é? Ele era um tremendo pilantra (...) Noel me ensinava o repertório dele, de violão; ele e eu (íamos) naquelas casas suspeitas e eu ainda era menor. A gente freqüentava muito aquela zona ali, aquela boca do lixo da Central do Brasil, aqueles botequins (...)" Se o Nocl não era o seu tipo, quem era? "Olha, nesse meio não tinha ninguém que era meu tipo, sabe? Eu sempre gostei muito foi de jogador de futebol, chofer de caminhão e, às vezes, gosto muito de médico também. Estou sempre apaixonada pelos médicos, porque eu sou uma tremenda neurótica (...) Sou desligada. Amo qualquer um, homem, mulher, bicho, coisa. Dura um dia, um mês. Dura quanto durar (...) É possível a gente gostar demais de alguém, simplesmente. É. Pra amar não precisa dormir junto. E depois, amor nesses termos completos, nem sei se existe."

Indagamos a Hermínio se Aracy era mesmo uma pessoa intratável. Ele discorda: "O que meu livro justamente objetiva é enfocar essa outra Aracy de Almeida que o público não conhecia: uma pessoa inteligente, amável, que recebia com pompas e glórias seus amigos na sua bela casa do Encantado. Colecionava antigüidades, ouvia ópera e tinha inúmeros quadros de Di Cavalcanti, Clóvis Graciano, Walter Wendhausen, Rebollo e Aldemir Martins espalhados pela casa. Aracy era muito disciplinada a nível profissional. Mas, ao mesmo tempo, era também uma anarquista - o que talvez explique seu sucesso como jurada dos programas do Chacrinha e do Sílvio Santos. Aracy teve vários apelidos pela vida afora. Sempre brinquei com ela chamando-a de 'Rainha dos parangolés' e 'Arquiduquesa do Encantado' – e esses títulos nobiliárquicos absolutamente lúdicos tinham a ver com a Aracy que eu recebia em minha casa: sempre com um presente nas mãos, nunca resvalando para qualquer grosseria. E era assim que também me recebia na sua encantada mansão do Encantado, subúrbio do Rio de Janeiro. Ia para a cozinha fazer um prato sempre especial, me servia o melhor uísque escocês, ouvíamos música juntos, e eu às vezes ia dormir um pouco para tirar uma sesta." Quais seriam as mais belas músicas gravadas por Aracy de Almeida? Hermínio hesita, até opinar: "A lista é imensa, e nela incluiria os sambas de Noel que ela gravou, além do 'Quando tu passas por mim', do Vinícius e Antonio Maria, o 'Fez bobagem', do Assis, o 'Camisa amarela', do Ary Barroso..." Hermínio revela que Aracy dava pouquíssimo valor ao dinheiro, esbanjando-o com os amigos, e tinha como uma de suas características mais marcantes sua extrema generosidade.

E casamento, Aracy?, indagou-lhe Hermínio. "Não agüentaria esse negócio de casamento. É chato à beça. Filhos, casa, aturar a cara de um sujeito o resto da vida. Todo dia. Não dá pra mim. Nunca quis. É como te digo. Amo gente: homem ou mulher."

Os sucessos inesquecíveis

O fato é que, mesmo não sendo saudosistas, os amantes da MPB não podem nem devem esquecer as belas interpretações de Aracy de Almeida em sambas de Noel Rosa, como "Palpite infeliz", "O X do problema", "Século do progresso", "Feitiço da Vila" (este em parceria com Vadico), "João Ninguém", "Filosofia" (Noel e André Filho), "Conversa de botequim" (com Vadico) e o sempre lembrado "Último desejo".

Aracy também gravou diversos sucessos de outros excelentes compositores, como "Camisa amarela", de Ary Barroso. Ou o "Fez bobagem", de Assis Valente e "Não me diga adeus", de Paquito, Luís Soberano e João Correia da Silva.

Hermínio lembra como Aracy definia o meio artístico da sua época: "Naquele tempo havia duas equipes: a da pilantragem, que Noel preferia, e a equipe do Ary Barroso, Joubert de Carvalho, Custódio Mesquita, Heckel Tavares e outras minhocas mais. Esses não me davam música. O próprio Lamartine

Babo nunca me deu música. Eles achavam que eu era uma pessoa de personalidade muito esquisita." Lembramos que Ary Barroso deu "Camisa amarela" para ela gravar, e Hermínio encontra uma resposta, que Aracy lhe deu numa entrevista: "O Ary Barroso não era uma figura, assim, muito humana. Era muito irritado, neurótico etc. Mas era um grande autor e tinha uma personalidade muito forte. No final, ele acabou ficando meu amigo, me deu umas três músicas, entre elas a 'Camisa amarela'. Mas ele não tinha grande admiração por mim ou por minha voz. Ele gostava muito da voz da Dircinha Batista."

Para Aracy quem tinha o melhor repertório na época era Carmem Miranda, que pertencia ao grupo do Ary Barroso. "Mas eu tinha o Noel Rosa, que nunca deu uma música para ela gravar. Ele tinha pavor da voz da Carmem Miranda. Além disso, ela teve muita promoção, foi bem trabalhada. Não digo que não tivesse valor: eu era muito amiga dela, viajei muito com ela pelo interior do Brasil, mas foi muito ajudada." E você, Aracy, também foi apadrinhada? " Nunca tive ajuda de ninguém, a não ser do Noel e de um americano que foi presidente da Victor, o Mr. Evans. E o Chico Alves. De resto, nada. Ninguém mais."

O jeito macho de ser

Nossa entrevista com Hermínio Bello de Carvalho vai se completando graças a sua memória e as muitas entrevistas que ele fez com Aracy de Almeida, algumas delas guardadas até hoje. Em certa ocasião ele indagou se ela sofrera preconceito. "Sabe como é que me tratavam? Apontavam e diziam: lá vai aquela negrinha, olha lá", respondeu.

Aracy foi criada entre irmãos homens, daí ter adquirido modos masculinos. Em menina era muito tímida, mas não levava desaforo pra casa. Chegou a ser expulsa de uma escola primária por ter agredido um aluno com um pedaço de pau. De família pobre, morava numa casa de quarto e sala, onde todos dormiam em esteiras pelo chão. Começou a cantar aos onze anos na igreja evangélica. Escondida dos pais, cantava em terreiros de macumba e tocava cuíca no bloco "Somos de pouco falar". Disciplinada, já famosa, Aracy chegava uma hora antes das suas apresentações, experimentava todos os microfones, passava os instrumentos, conferia tudo com o operador de som. E dava a maior bronca nos músicos que se atrasavam para os ensaios.

No palavreado de Aracy, a gíria tinha papel preponderante. Naquela época quem inventava as gírias eram o Germano Augusto, um português, autor de "Implorar", o Wilson Batista, ela e outros mais.

Pilantra foi invenção do Wilson Batista; mumunha é do Sylvio Caldas, informava. "E pilantragem?" "Essa palavra é muito antiga. Desde que eu comecei a cantar, lá pelas bandas de 1500, ela já existia. Tudo agora é novidade. Imagine! A pilantragem foi inventada pelo Noel Rosa."

Em outra ocasião Aracy confessou sua enorme saudade de Antonio Maria: "Amei demais aquele homem, mas nunca tive nada com ele."

Em 1960, com a Bossa Nova e o Rock mandando na música popular brasileira, o samba foi caindo no esquecimento. Aracy buscou abrigo na TV, como jurada de programas de auditório, onde criou fama de exigente e rancorosa. Mas quando diziam que o samba estava superado, ela rebatia: "Ele não tem é promoção. Não tem divulgação, é a verdadeira música do País e nunca pode ser superada. Eu acho, inclusive, que deveriam propor ao Ministro da Educação a instituição de uma cadeira de samba nas escolas. Creio mesmo que seria o único jeito de salvar o gosto musical do povo, cada dia mais comprometido."

Aracy de Almeida era uma pessoa muito simples, andava em casa descalça, de culote de malha e camiseta sem sutiã. E não se importava com a opinião alheia. Adorava carnaval. Ela foi madrinha da banda de Ipanema e teve um ano em que puxou o samba na bateria da Mangueira. Em 1950 mudou-se para São Paulo, onde viveu doze anos, mas nunca rompeu com suas raízes cariocas.

Em 1988 teve um edema pulmonar. Depois de dois meses em coma voltou à lucidez por dois dias, mas terminou falecendo no dia 20 de junho daquele ano, aos 74 anos de idade. Seu corpo foi velado no teatro João Caetano (RJ), onde realizara seu último show.

Ary Barroso

Recordações de Ary Barroso

Muito já se escreveu sobre Ary Barroso. Talvez não o suficiente, se levarmos em conta a sua magistral e vasta obra musical. Há tempos, inclusive, o jornalista Sérgio Cabral a ele dedicou um volumoso livro. Nós, porém, reivindicamos o direito de ter escrito uma obra que, se não foi a melhor sobre o autor de "Aquarela do Brasil", num certo sentido sem dúvida foi a mais original.

Na época éramos repórter da revista *O Cruzeiro* – extinta em 1975 – e apresentamos a Odylo Costa, filho, diretor do semanário, a sugestão de realizar uma série de biografias de grandes personalidades brasileiras. A primeira aprovada foi de Ary Barroso.

Durante meses, pelo menos duas vezes por semana, Ary bem enfermo, com cirrose hepática, nós o entrevistávamos em sua casa no carioca bairro do Leme, colhendo as informações de que necessitávamos para os capítulos semanais. Todos eles, antes da publicação, eram levados ao Ary, para aprovação e rubrica.

Sobrou muita coisa. Faltaram alguns dados. Após a morte do compositor reunimos o que não fora publicado em *O Cruzeiro*, juntamos as novas informações e entrevistas e publicamos, pela *Funarte* (do Ministério da Educação e Cultura), um livro intitulado *Recordações de Ary Barroso*, já na sua segunda edição.

A tuberculose levou seus pais

Acreditamos que a seleção de algumas passagens da vida de Ary Barroso, desde a sua infância ao seu desaparecimento, serão mais interessantes do que uma simples e comum biografia.

É bom repetir que tudo que aqui vai contado o foi pelo próprio biografado, o que dá total credibilidade aos fatos.

Comecemos por onde deve começar uma história que se preza: pelo início. Ary de Rezende Barroso, ou Ary Evangelista de Rezende Barroso, nasceu na mineira cidade de Ubá, no dia 7 de novembro de 1903. Sua casa, na Rua 13 de Maio, fora ocupada anteriormente por uma fábrica de sabonete.

Filho de João Evangelista Barroso e Angelina de Rezende Barroso, Ary ficou órfão com apenas oito anos de idade. Seus pais faleceram em 1911, com menos de dois meses a separar os desenlaces. Disseram-lhe, mais tarde, que a mãe morrera do coração, mas ele não acreditou nisso. E tinha motivos. João

Evangelista era boêmio. E político dos mais valentes. O primeiro predicado – se é que boêmia é predicado – deve tê-lo levado à morte, pois tuberculose é o que consta do seu atestado de óbito. Para Ary, a *tísica*, como essa enfermidade era chamada na época, também levara sua mãe, contagiada pelo marido. Esse fato, no entanto, fora escondido pela família.

Tuberculoso sem saber

Muitos anos mais tarde, com Ary Barroso já vivendo no Rio de Janeiro, a sombra da doença que vitimara o pai veio a afetá-lo. Ele sentia-se fraco e a balança, quando solicitada, acusava diminuição de peso. Um dia foi até o posto de saúde, perto da Praça da Bandeira. Queria fazer exame de escarro. Saiu dali com a data em que deveria apanhar o resultado. Nunca mais voltou ao posto. Passaram-se os anos. Certa vez, num dos corredores da *SBAT* (Sociedade Brasileira de Autores Teatrais) é abordado por um cobrador da casa.

- O senhor não é o Ary Barroso?

- Perfeitamente.

O homem apresenta-se:

- Sou aquele enfermeiro que o atendeu no posto de saúde da Praça da Bandeira, lembra-se?

Ary não se lembrava, mas disse que sim. E o outro veio com a terrível revelação:

- O senhor não voltou para apanhar o resultado do exame. Pois fique sabendo que foi positivo!

Ary Barroso estivera tuberculoso sem o saber. Seu organismo encarregara-se de afastar a doença, independente da vontade do dono.

Tipos de Ubá

Dos muitos fatos relacionados à vida de Ary em Ubá, destacamos um que se refere a dois tipos que ele conheceu na juventude: Chico Bomba e Franco, ambos condutores da *Leopoldina Railway*. Um saía no expresso de Ubá para o Rio; o outro, de Ubá para Matipó, numa carvoenta maria-fumaça. Ambos encontravam-se na volta, em Ubá. Antes, haviam mandado enterrar uma caixa de cerveja na beira do rio. Para as garrafas ficarem fresquinhas, pois gelo era coisa rara. O local do encontro, o Bar do Camilo. Nos fundos, havia uma área livre, onde o proprietário colocara algumas mesas para os fregueses mais reservados. Era onde sentavam Chico Bomba e Franco. O primeiro, gordo, imenso, mal cabendo na cadeira; o segundo, alto, magro, grisalho, cabeleira puxada pra trás. Ambos, enormes de bondade e do falar bonito. E em Ubá quem falava bonito era o Ary. Por isso, quando voltavam de viagem, mandavam chamá-lo. Um crioulinho ia até a casa dos Barroso: – *Seu* Ary, *Seu* Arantes espera o senhor, às 6 horas da tarde.
- *Seu* Arantes era o Chico Bomba.

A tia do Ary, que o criara, odiava a dupla. Porque nos dias daquelas chamadas ela sabia: o sobrinho voltava bêbado para casa. Mas era um chamado ao qual Ary não faltava. Às seis em ponto encontravam-se os três. Os dois já na mesa, mais pra lá do que pra cá; Ary em cima de uma cadeira. Iniciada a sessão, Franco declarava:

- O tema hoje é ciúme. Pode começar.

Ary enveredava ciúme adentro, num emocionante discurso de improviso, que deslumbrava os dois admiradores. Enquanto Chico Bomba esvaziava muitos copos de cerveja, Franco ia tomando outros tantos, misturados com doses de vinho Madeira-R, que esse era o seu vício. Quando Ary terminava uma frase bonita, Franco pedia-lhe para parar e gritava lá para dentro:

- Ei, moço! Vai lá embaixo e desenterra mais quatro!

O rapaz do bar ia até a beira do rio e apanhava quatro garrafas de cerveja estalando de frescas. Legítimas Teotônias, pois outra marca não existia. E Ary recebia, como paga, um copo cheio de bebida. Ao fim da tertúlia estavam sentimentalmente satisfeitos e embriagados até a alma. O mais engraçado é que, embora só os três participassem dessas reuniões, a todo instante Chico Bomba e Franco pediam silêncio a uma inexistente platéia. Quando raramente acontecia chegar alguém e fazer barulho, os dois se exaltavam e era preciso contê-los para não agredirem o intruso.

Desfazendo o feitiço

Ary Barroso mudou-se para o Rio de Janeiro em 1920, aos 17 anos de idade. Só mesmo um livro para contar tudo que lhe aconteceu em seus primeiros tempos na então Cidade Maravilhosa. De bom e de mau. Desde tocar piano em cinemas e bares e compor suas primeiras músicas, até formar-se em Direito. A necessidade, porém, era uma constante em sua existência de moço pobre na cidade grande. Ary chegou próximo ao desespero. Uma tarde, estava sentado num banco do Passeio Público, completamente sem norte e abandonado, quando apareceu-lhe, não sabia como nem de onde, Aristides Prazeres, baterista da orquestra do Copacabana Palace. Conhecido como freqüentador assíduo dos maiores terreiros de macumba da cidade, Aristides informou:

- Eu sei que está muito acabrunhado. E não é para menos: no momento você tem contra a sua pessoa todos os *centros* do Rio de Janeiro.

- Mas, por quê? - espantou-se Ary, acrescentando: - Conscientemente, nada fiz contra eles.

Aristides mostrou-se surpreso:

- Como não fez?! Você tem um samba denominado "Vai com fé" que é uma violenta e desrespeitosa crítica às entidades de umbanda. Sob o seu ponto de vista, é o mesmo que fazer uma música achincalhando com a Igreja católica e seus santos, incluindo Jesus e o próprio Deus.

Ary lembrou-se, então, da letra que musicara. Defendeu-se:

- Bem, mas a letra não é minha. Além disso, eu desconheço completamente essa coisa de umbanda, seus segredos, seus ídolos, seus deuses. Garanto-lhe que, se tivesse sabido que estaria cooperando, ainda que indiretamente, para essa situação lamentável, teria rejeitado a letra.

Ary Barroso, agora bem impressionado, pediu a Aristides Prazeres para interceder por ele. Dias mais tarde encontraram-se novamente. E o baterista informou-lhe que tudo estava correndo bem, depois das explicações que dera à sua gente. Foi um Ary místico quem nos contou o que aconteceu depois:

- Quando eu "purguei a minha pena", como por milagre fui contratado pela orquestra do maestro Spina, que ia fazer uma temporada em Santos. De Santos fui a Poços de Caldas e dessa cidade voltei ao Rio, onde venci um concurso de músicas carnavalescas. Minha vida tomou outro e vitorioso rumo. São coisas difíceis de serem explicadas...

Um improvisado locutor esportivo

Foi Renato Murce quem levou Ary Barroso para o rádio, em 1932. Conheceram-se na Casa Édison. Ary ensaiava valsas com Gastão Lamounier. Terminado o ensaio, Renato fez o convite. Gostara da sua maneira de tocar. Ary apresentar-se-ia no programa "Horas do outro mundo", na Rádio Phillips, acompanhando os cantores da emissora.

É dessa época um episódio que define a versatilidade de Ary. Há várias versões para o caso, mas a que ele nos contou é a seguinte: o tenor Machado Del Negri ia interpretar um trecho de "Marta", ópera de Flotow. No estúdio, indagou:

- Onde está o pianista?

Renato apontou Ary. Del Negri reagiu:

- Este rapaz é do samba. Ele não conhece música clássica!

Renato tranqüilizou-o:

- Coloca a partitura no piano que ele acompanha.

Dito e feito. Ary acompanhou o tenor até o fim. Terminado o número, Machado Del Negri pediu-lhe desculpas.

O homem da gaitinha

O caminho do rádio bifurca-se. Ary Barroso divide-se em dois: loucutor esportivo e severo juiz de calouros. Vejamos, primeiro, o homem da gaitinha.

Afonso Scola era o locutor esportivo da Cruzeiro do Sul. Na véspera de um grande jogo sente-se mal e é levado às pressas para casa. Paulo Roberto, sabendo que Ary era entusiasmado torcedor de futebol (flamenguista como poucos), resolveu arriscar. Foi até o gabinete do Dr. Figueira, diretor da Cruzeiro do Sul, e informou:

- Há aí um *speaker*, o Ary Barroso, que poderá ocupar o posto.

Não havia tempo para outra solução, embora eles não tivessem muita confiança no substituto de Scola. Tanto que Ary foi para o campo do Fluminense acompanhado de Paulo Roberto e do Dr. Figueira. Se gaguejasse eles estariam perto para salvar o prestígio da emissora. Mas Ary tomou conta do microfone, transmitindo a partida a seu modo. Ganhava assim, definitivamente, o lugar de locutor esportivo. Profissão da qual foi um dos seus melhores expoentes, tendo lançado uma pequena gaita que soprava após os gols.

O carrasco dos calouros

Ary Barroso lançou o seu primeiro programa de calouros em 1937, na Rádio Cruzeiro do Sul.

Existiam outros programas de novos, mas o de Ary tinha uma característica toda especial: o gongo. Que, na verdade, não era gongo. Este só surgiu mais tarde. Na Cruzeiro do Sul funcionava um sino. Sino de capela, que badalava forte quando o candidato era reprovado. O sineiro ficava atento a uma luzinha vermelha, que só ele podia ver. Quando ela acendia, não havia escapatória para o novato: tinha sido "gongado".

No começo havia as comissões julgadoras. Ary selecionava um grupo de entendidos no assunto, estes aprovavam ou não a atuação dos calouros. Mais tarde Ary resolveu acabar com elas, porque, na maioria das vezes não concordava com o julgamento. E passou ele mesmo a dar a ordem para gongar. Os prêmios, tentadores na época, eram de 100 cruzeiros para o primeiro colocado e 50 para o segundo. Um dos *habitués* do programa era Henrique Pongetti, que se deliciava com as piadas do Ary e com a cara dos calouros, quando ouviam o badalar do sino.

No teatro de revista

Recuo novamente no tempo, para reencontrar Ary em 1927, quando começava a compor músicas para o teatro.

Ary passara pelo Centro da cidade, onde deixara algumas de suas composições inéditas com o maestro De Vicenzi, gerente da Casa Carlos Wehrs. Na época era costume os autores de revistas teatrais irem a essa casa de música escolher números para as suas peças. Durante alguns dias Ary passou por ali, indagando se suas composições tinham agradado a alguém. Um dia foi surpreendido com a notícia:

— O Olegário Mariano e o Luís Peixoto levaram, entre outras, as suas músicas. Dê um pulo ao Teatro Recreio e fale com eles.

Naquele teatro estava sendo preparada "Laranja da China", revista de Olegário Mariano, sob a supervisão de Luís Peixoto. Ary foi ate o Recreio.

— Quem é o doutor Luís Peixoto?

— É aquele alto, ali adiante.

Apresentou-se. Luís Peixoto disse que havia escolhido duas das suas composições, e que elas já estavam colocadas na peça. Chamavam-se "Vamos deixar de Intimidade" e "Vou à Penha", e seriam interpretadas, respectivamente, por Aracy Cortes e Zaíra Cavalcanti, duas cantoras famosas. Além disso, também aproveitaria dois sambas de Ary:. Em seguida, fez-lhe uma pergunta:

— Você sabe fazer foxtrotes?

Ary disse que sabia. Luís Peixoto, satisfeito, encomendou:

— Então me traga, para o ensaio de amanhã, às 13 horas, seis foxtrotes.

Eram mais ou menos 18 horas. E Ary ardendo em febre, com furunculose. Tonto pela doença e pelo pedido inesperado, mas não querendo perder a oportunidade, ele foi direto para a pensão onde morava. Embora enfraquecido, sentou-se ao piano e começou a escrever foxtrotes, entrando noite adentro nesse trabalho e ouvindo protestos dos outros hóspedes, que não podiam dormir com aquele barulho. Às 5 da manhã Ary havia composto o último dos seis encomendados, todos prontinhos para receber letra.

Uma da tarde, em ponto, ele dava entrada no Teatro Recreio, levando, debaixo do braço, orgulhoso e confiante, as músicas pedidas por Luís Peixoto. Este gostou dos seis foxtrotes e imediatamente passou a colocar-lhes letras.

A imortal Maria

Daí para frente, foram inúmeras as revistas teatrais musicadas por Ary Barroso, a maioria com sucesso. Certa ocasião Luís Peixoto levava à cena no Teatro República uma peça e pediu a Ary para compor um bonito samba para ela. Ary lembrou-se de um, cuja letra dizia "Bahia / Cheguei hoje da Bahia / Eu com ela faço fé / Eu com ela faço fé / Bahia."

Luís Peixoto achou a música uma beleza, mas considerou a letra uma porcaria:

- Essa história de "eu com ela faço fé" é uma droga, Ary!

Disse que ia aproveitar o samba num dos quadros da peça, mas com nova letra. Em poucos instantes Luís Peixoto escreveu os versos que haveriam de tornar-se imortais. Nascia, naquele momento, o fabuloso "Maria": " Maria / O teu nome principia / Na palma da minha mão (...)"

Uma vasta obra musical

Na verdade, a fama de Ary Barroso é creditada principalmente ao fabuloso compositor que ele foi. A primeira composição foi feita em Ubá, em 1918. Chamava-se "De longe" e era um cateretê. É praticamente impossível, no entanto, sem errar ou esquecer alguma composição, dar na íntegra a obra musical de Ary.

É fácil, porém, lembrar alguns dos seus maiores sucessos. Como "Dá nela", marcha-carnavalesca, gravação de Francisco Alves; "Boneca de piche" e "No rancho fundo", samba-canção, em parceria com Lamartine Babo, as três de 1930. O samba "Faceira", gravação de Sylvio Caldas, é de 1931." O Correio já chegou", samba gravado por Francisco Alves; "Cabocla", samba-canção, em parceria com José Carlos Burle; o samba-canção "Caco-velho" e "Eu sonhei", samba gravado por Sylvio Caldas, são de 1934. Entre as suas composições de 1935 encontram-se o samba "Anoiteceu"; "Foi ela", samba gravado por Francisco Alves e os Diabos do Céu; "Grau dez", marcha em parceria com Lamartine Babo, gravada por Francisco Alves; e "Por causa desta cabocla", samba em parceria com Luís Peixoto, gravado por Sylvio Caldas.

Para não cansar com a lista, que é imensa, vamos dar apenas alguns títulos mais conhecidos: "Na virada da montanha" (1936); "No tabuleiro da baiana" (1937); "Como vais você?" (1937); "Cheguei ao fim" (1937); "Olha a lua" (1937); "Samba não é privilégio" (1937); "Uma furtiva lágrima" (1937); "Quando eu penso na Bahia" (1937); "Eu dei" (esta marcha, de 1937, foi um estrondoso sucesso de Carmen Miranda; "Na Baixa do Sapateiro" (1938); "Boneca de piche" (1938); "Casta Susana" (1938); "Aquarela do Brasil" (1938); "Camisa amarela" (1938); "No rancho fundo" (1938). Em 1940, entre muitas, cabe destacar "Iaiá boneca" – sucesso do Carnaval desse ano –; Nunca mais"; "Se Deus quiser" e "Upa, upa". No ano seguinte Ary emplacou "Morena boca de ouro"; "A batucada começou" e "Os quindins da Iaiá". De 1942 são "Isto aqui o que é?", "Eu quero uma mulher" e "Quero dizer-te adeus". De 1950 podemos citar "Folhas mortas"; "Noite de São João" e "Vai embora". De 1952, "Nosso amor morreu"; "Risque" e "Foi ela". De 1955 é o belíssimo samba-canção "Caco-velho", gravado por Orlando Silva. De 1956 é "Rosa". Entre seus sucessos de 1959 está o samba "Quero morrer no Carnaval". Por uma estranha coincidência, Ary Barroso faleceu em pleno domingo de Carnaval. De 1960 é "Vamos deixar de intimidade".

Apenas uma pequena amostra das centenas de canções compostas por Ary Barroso.

O fim do gênio

Foi em 1961 que a doença apareceu. Até então – contou-nos Ary – não sentira nada. O fígado enfermo levou-o à cama. Passou maus bocados, mas acabou se recuperando. No final de 1963 os padecimentos recrudesceram e ele terminou internado na Casa de Saúde São José. Em dezembro apresentou melhoras, indo passar o Natal com a família.

Ary chegou a ser operado. Acreditava que ia ficar bom. Ou fingia acreditar. Certo dia, longe dele, pedi a verdade ao seu filho e ele me disse:

- Os médicos acreditam que papai não chegará ao fim do ano.

Ary alcançou o fim daquele ano (1963). Seu imenso coração brasileiro tinha hora marcada para parar. Justamente no Carnaval, durante o desfile das escolas de samba.

Ary piorou e foi recolhido, no meio de uma crise violenta, ao Instituto Cirúrgico Gabriel de Lucena, em Ipanema, no então Estado da Guanabara, onde veio a falecer no dia 9 de fevereiro de 1964, um domingo de Carnaval.

Castro Alves

O eterno guerreiro

Infelizmente a poesia de Castro Alves, um dos nossos maiores bardos, está restrita aos círculos acadêmicos mediante citações em livros escolares. É pena. Porque se os nossos jovens conhecessem melhor a vida desse grande brasileiro, teriam maior orgulho do passado do seu país, onde pontificaram figuras como Castro Alves, que dedicaram suas vidas a defender os oprimidos.

Ainda bem que, quando do sesquicentenário do seu nascimento, foi criado o "Projeto Castro Alves – 150 anos", que levou a lembrança do famoso poeta a diversas capitais brasileiras. Em Salvador, sua terra natal, foi realizada uma exposição com objetos e manuscritos que pertenceram ao poeta, além de 53 quadros de artistas que ilustraram suas obras. Essa mostra foi depois para Recife, São Paulo, Rio de Janeiro, Porto Alegre e Brasília.

Lançaram também um CD-Rom, "Castro Alves – Poesia e biografia", com fotografias, ilustrações iconográficas, poesias e textos biográficos, além de uma cartilha, preparada para o público infanto-juvenil. E a turma da cultura garantia que não ficariam nisso as justas homenagens àquele que foi, senão o maior, um dos maiores poetas brasileiros.

Na mesma época o balé do Teatro Castro Alves, em Salvador, estreou uma coreografia especial do espanhol Victor Navarro, denominada "Balé Sonhos de Castro Alves", com direção de Antônio Carlos Cardoso e música de Egberto Gismonti. Esse espetáculo foi levado a São Paulo, Rio de Janeiro, Porto Alegre e Brasília.

Essa programação deu ensejo àqueles que pouco ou nada conheciam da vida e obra de Castro Alves de tomarem conhecimento do autor de "O navio negreiro", um dos seus mais marcantes poemas.

Nascimento do poeta

Antônio de Castro Alves nasceu no dia 14 de março de 1847 na fazenda Cabaceiras, às margens do rio Paraguaçu (sete léguas distante de Curralinho, hoje Castro Alves), então freguesia de Muritiba, comarca de Cachoeira, na Bahia. Seu pai era o médico Antônio José Alves e sua mãe D.Clélia Brasília da Silva Castro, prendada dona-de-casa, filha do sargento-mor José Antônio da Silva Castro, um dos heróis da independência da Bahia. Além de médico o pai de Castro Alves era professor da Faculdade de Medicina, sendo muito querido não só pela sua clientela como por seus alunos. Ele prestou inestimáveis serviços ao povo baiano, principalmente no combate ao cólera, enfermidade endêmica naquele tempo. Por isso, o Governo Imperial agraciou-o com a Ordem da Rosa, uma das mais importantes comendas da Corte.

Antônio José Alves também era um amante das artes, tendo em casa uma valiosa coleção de quadros de pintores famosos, não só nacionais como estrangeiros. Essa paixão levou-o a fundar, em 1856, a Sociedade das Belas-Artes. Em sua residência ele procurava dar aos filhos uma educação artística, terminando por fazê-los inclinados ao desenho, à pintura, à música, ao canto e às letras.

Em 1858 o Dr. Antônio José Alves reconstruiu o solar da chácara Boa Vista. Ele pretendia com isso que sua esposa, Clélia, enfermiça e mãe de seis filhos, ali pudesse recuperar a saúde. Infelizmente ela faleceu em 1859. Sem ânimo para criar sozinho a família, o Dr. Alves casou-se com a viúva Maria Ramos Guimarães, que criou com o maior desvelo quatro crianças menores, um rapaz e três meninas, Guilherme, Elisa, Adelaide e Amélia. No dia seguinte ao casamento do pai os dois filhos mais velhos viajaram para o Recife, onde foram preparar-se para ingressar na Faculdade de Direito. Um deles era Castro Alves.

Surge o poeta

Castro Alves dedicou-se à poesia. Foi na fazenda de Cabaceiras que o ainda menino, acalentado pelos cuidados de sua ama, a mucama Leopoldina, ouviu deslumbrado histórias de heróis rudes do sertão. Isso, acreditam alguns biógrafos, deve ter despertado no guri o anseio de livrar os escravos do cativeiro, tornando-o um ferrenho defensor dos ideais de justiça e liberdade.

Já rapazinho, impressionado com o que assistia ao redor, engajou-se nas lutas libertárias. E em maio de 1863, aos dezesseis anos, lançava sua primeira poesia abolicionista, "A canção do africano", no jornal acadêmico *A Primavera*.

Ela diz, na sua primeira estrofe:

"Lá na úmida senzala / Sentado na estreita sala, / Junto ao braseiro, no chão, / Entoa o escravo o seu canto, / E ao cantar correm-lhe em pranto / Saudades do seu torrão..."

Um ano depois Castro Alves ingressava na Faculdade de Direito do Recife. E desde logo, devido às suas idéias revolucionárias, teve que enfrentar a ira de diversos professores, que viam nele um agitador. Fato que lhes pareceu comprovado quando, numa solenidade, perante todo o corpo docente e discente da faculdade, Castro Alves recitou corajosamente o poema "O século", que dizia num certo trecho:

"Quebre-se o cetro do Papa, / Faça-se dele – uma cruz! / A púrpura sirva ao povo / P'ra cobrir os ombros nus. / Que os gritos do Niagara / - Sem escravos, - Guanabara / Se eleve ao fulgor dos sóis! / Banhem-se em luz os prostíbulos / E das lascas dos patíbulos / Erga-se a estátua dos heróis!"

Aos seus desafetos juntou-se o clero, que se sentiu ofendido com essa poesia. Nessa mesma época o jovem Castro Alves era o redator principal do jornal *O Futuro*, que ocupava a maioria de suas páginas com vibrantes artigos defendendo os ideais progressistas. É quando, com dores no peito e uma tosse intermitente, Castro Alves vai procurar um médico e descobre que está tuberculoso. Abatido e triste, ele escreve o poema "Mocidade e morte". Assim começa essa melancólica poesia:

"Oh! Eu quero viver, beber perfumes / Na flor silvestre, que embalsama os ares; / Ver minh'alma adejar pelo infinito, / Qual branca vela n'amplidão dos mares. / No seio da mulher há tanto aroma... / Nos seus beijos de fogo há tanta vida... / - Árabe errante, vou dormir à tarde / À sombra fresca da palmeira erguida."

E num outro trecho, desesperado:

"E eu sei que vou morrer... dentro em meu peito / Um mal terrível me devora a vida: / Triste Ahasverus, que no fim da estrada / Só tem por braços uma cruz erguida. / Sou o cipreste, qu'inda mesmo florido, / Sombra de morte no ramal encerra! / Vivo – que vaga sobre o chão da morte, / Morto – entre os vivos a vagar na terra."

Lutando pela abolição da escravatura

Mas Castro Alves é bastante forte e decidido e não se deixa abater nem pelas contundentes críticas ao seu trabalho – como poeta e escritor – nem pela pertinaz enfermidade que o consome por dentro. Em agosto de 1865 ele dá início à sua mais famosa antologia, *Os Escravos*, que põe a nu toda a crueldade dos senhores de engenho.

É difícil escolher, entre tantas e tão belas poesias dedicadas aos escravos, aquelas que nos tocam mais fundo ao coração. Mas a mais conhecida é, sem dúvida, "O navio negreiro – Tragédia no mar", que muitos citam, mas poucos leram. É da sua quarta estrofe:

"Era um sonho dantesco... O tombadilho / Que das luzernas avermelha o brilho, / Em sangue a se banhar. / Tinir de ferros... estalar do açoite... / Legiões de homens negros como a noite, / Horrendos a dançar...

"Negras mulheres, suspendendo as tetas / Magras crianças, cujas bocas pretas / Rega o sangue das mães: / Outras, moças...mas nuas, espantadas, /

No turbilhão de espectros arrastadas / Em ânsia e mágoas vãs."

Em "Vozes d'África":

"Deus! ó Deus! onde estás que não respondes? / Em que mundo, em qu'estrela tu t'escondes / Embuçado nos céus? / Há dois mil anos te mandei meu grito, / Que embalde desde então corre o infinito... / Onde estás, Senhor Deus?..."

São apenas alguns retalhos, mas é preciso ler as demais e completas poesias de Castro Alves em defesa dos escravos, para melhor enaltece-lo.

A ajuda dos amigos

Cada vez mais imbuído das idéias abolicionistas, Castro Alves, em 1866, consegue o apoio de importantes personalidades, como Ruy Barbosa, Plínio Lima e Regueira Costa, e funda no Recife uma sociedade em defesa dos escravos. E para dar maior força ao movimento lança o jornal *A Luz*.

Por meio dele Castro Alves, além de defender a abolição da escravatura, parte para outras batalhas, todas visando a defesa dos direitos humanos e das liberdades individuais. E quando a polícia, no dia 18 de dezembro daquele ano, dispersa violentamente uma passeata de republicanos, sobe em caixotes e, de improviso, tenta fazer com que o povo resista:

"A praça! A praça é do povo / Como o céu é do condor / É o antro onde a liberdade / Cria águias em seu calor / Senhor!... pois quereis a praça? / Desgraçada, a populaça / Só tem a rua de seu... / Ninguém vos rouba os castelos / Tendes palácios tão belos... / Deixai a terra ao Anteu."

A luta de Castro Alves é constante. Quatro meses depois, da janela de um casarão do Recife, o poeta discursa inflamados versos contra o espancamento do estudante Torres Portugal, apoiando o povo revoltado contra a violência policial.

O grande amor

E é no meio de toda essa agitação política que Castro Alves vem a conhecer a atriz portuguesa Eugênia Câmara, estrela da Companhia Dramática de Coimbra, por quem se apaixona perdidamente. Graças a ela volta-se para o teatro e decide escrever um drama. O que acontece, tempos depois, quando ele e Eugênia vão para uma casa de campo e Castro Alves escreve "O Gonzaga". Nesse drama, os três primeiros atos passam-se em Minas Gerais, e o último no Rio de Janeiro.

A peça, depois de grande sucesso em Salvador, é lavada à cena no Rio de Janeiro e São Paulo, onde também é aclamada. A estréia foi em setembro de 1867, no Conservatório Dramático da Bahia, na capital baiana, e ao final do espetáculo o poeta foi carregado nos braços da platéia, enquanto muitos cumprimentavam Eugênia Câmara pela sua magnífica representação.

O amor de Castro Alves pela atriz cresce a cada dia. E para ela o poeta produz lindas poesias. Como em "À atriz Eugênia Câmara" (no dia seguinte ao de uma vaia sofrida no Teatro Santa Isabel, no Recife):

"Hoje estamos a adorar-te / Tu és a nossa glória, a nossa fé, / Gravitar para ti é levantar-se, / Cair-te às plantas é ficar de pé!..."

Ou em "Penso em ti":

"Eu penso em ti nas horas de tristeza / Quando rola a esperança emurchecida / Nas horas de saudade e morbideza. / Ai ! Só tu és minha ilusão querida / Eu penso em ti nas horas de tristeza."

Um desastre!

Castro Alves era muito ciumento e não raramente atritava-se com Eugênia. Quando a peça "O Gonzaga" terminou sua temporada paulista, a atriz resolveu abandoná-lo, deixando-o desesperado. Para maior desgraça, no dia 1º de novembro de 1868 Castro Alves sofre um sério acidente. Armado, ele caçava por distração. Ao saltar uma vala, tropeça e a espingarda dispara um tiro, que acerta o seu calcanhar esquerdo. Sente muitas dores e o pé, infeccionado, deve ser amputado. A operação no entanto, tem que ser realizada no Rio de Janeiro, pois o clima úmido de São Paulo agravaria o mal dos pulmões.

Viaja para o Rio em maio de 1869, ficando hospedado na casa do amigo Cornélio dos Santos. Devido ao seu estado de fraqueza a amputação tem que ser realizada a frio, sem o uso do clorofórmio. Castro Alves enfrenta tudo e ainda goza a operação: "Corte-o, corte-o, doutor... Ficarei com menos matéria do que o resto da Humanidade." Mas, abalado, ele escreve: "Tenho por c'roa a palidez da morte / Fez-se um cadáver – o poeta ardente."

Alguns meses depois, com muita força de vontade, Castro Alves tenta superar a desgraça e passa a caminhar apoiado em muletas. Depois, para disfarçar o defeito, enfia a perna esquerda num botim recheado de algodão, e vai assistir a um espetáculo de Eugênia Câmara no Teatro Fénix Dramática. Trocam apenas algumas palavras, mas estas dão ensejo para que ele escreva:

"Quis te odiar, não pude. – Quis na terra encontrar outro amor. – Foi-me impossível. Então bem disse a Deus que no meu peito pôs o germe cruel de um mal terrível. Sinto que vou morrer! Posso, portanto, a verdade dizer-te santa e nua: não quero mais o teu amor! Porém minh'alma aqui, além, mais longe, é sempre tua."

A tuberculose, porém, não o abandona. A família insiste para que ele volte a Salvador, o que faz em novembro de 1869. À conselho médico vai para a Fazenda Santa Izabel, em Rosário do Orobó, a alguns quilômetros de Itaberaba, onde conclui o livro *Cachoeira de Paulo Afonso*. Este é um dos trechos do belo poema "O São Francisco":

"Longe, bem longe, dos cantões bravios, / Abrindo em alas os barrancos fundos; / Dourando o colo aos perenais estios, / Que o sol atira nos modernos mundos; / Por entre a grita dos ferais gentios, / Que acampam sob os palmeirais profundos; / Do São Francisco a soberana vaga / Léguas e léguas triunfante alaga!"

De volta à capital baiana, em setembro de 1870, Castro Alves lança *Espumas Flutuantes*. Ao término do prólogo da obra, ele escreve: "Mas, como as espumas flutuantes levam, boiando nas solidões marinhas, a lágrima saudosa do marujo... possam eles, ó meus amigos! – efêmeros filhos de minh'alma – levar uma lembrança de mim às vossas plagas!"

Nova paixão, desta vez não correspondida, pela cantora italiana Agnèse Trinci Mucci. Tenta conquistá-la através de belas poesias, mas nada consegue.

O triste final

Na tarde do dia 6 de julho de 1871, aquele que ficou conhecido como o "poeta dos escravos" falecia no Palacete do Sodré, 34, cercado pelo carinho dos familiares e amigos. Dá o último suspiro junto a uma janela banhada pelo sol, para onde fora levado a seu pedido. "É meu último desejo", dissera.

Tinha, então, 24 anos de idade.

No dia seguinte Salvador chorosa presta-lhe uma grande homenagem, acompanhando-o à última morada, no Cemitério do Campo Santo.

Érico Veríssimo

A Famosa Trilogia

"O ponto de partida dum romance pode ser uma personagem, como em *Clarissa*, uma situação, como em *Olhai os Lírios do Campo*, ou então o desejo de dar um corte transversal numa sociedade, como em *Caminhos Cruzados*. Procuro nunca pensar com palavras, isto é, jamais subordinar a história e as personagens à sintaxe ou ao estilo. Trato de conviver mentalmente com as criaturas da imaginação, como se fossem pessoas vivas. Depois traço um plano, uma coisa assim como esses *roteiros* de cinema. Preciso de um plano escrito quando mais não seja para ter alguma rota da qual me desviar. Porque o Acaso representa um papel muito importante na feitura dum romance. De vez em quando uma personagem põe-se a dizer e a fazer coisas com as quais o autor não contava. Isso é um sinal certo de que essa personagem existe. E néscio será o autor que não lhe der plena liberdade de palavra, pensamento e ação."– assim explicava o seu processo de trabalho o escritor gaúcho Érico Veríssimo, cuja obra atingiu seu ponto culminante na trilogia *O Tem-*

po e o Vento: O Continente (1949), *O Retrato* (1951) e *O Arquipélago* (1962).

De berço de ouro a balconista

Érico (Lopes) Veríssimo nasceu em Cruz Alta, Rio Grande do Sul, a 17 de dezembro de 1905, numa rica e tradicional família de fazendeiros. Aparentemente, seu futuro estava garantido. A tal ponto que o pai já fazia planos de mandá-lo estudar na Universidade escocesa de Edimburgo. O destino, porém, escreveu diferente e, após a morte do pai, a família de Érico ficou em péssima situação financeira. Isso obrigou-a a enviar o menino para um colégio interno de Porto Alegre.

Érico não termina nem mesmo o curso ginasial, já que precisava trabalhar para ajudar os seus. Regressa a Cruz Alta e emprega-se como balconista de um armazém de secos e molhados. Depois trabalha como bancário e, com algumas economias, torna-se sócio de uma pequena farmácia.

Amante da leitura, devorava tudo de bom que lhe caísse nas mãos, como as obras de Machado de Assis (1839-1908), Oscar Wilde (1854-1900), Anatole France (1844-1924) e Jonathan Swift (1667-1745). E dava seus primeiros passos como escritor, escrevendo contos, ao mesmo tempo que exercitava-se como desenhista. Até então, o que fizera fora para uso interno. Em 1928, a *Revista do Globo* – na época com grande prestígio em todo o território nacional –, editada na capital do Rio Grande do Sul, publica seu conto "Ladrão de gado". É o primeiro de uma série.

A partir de 1930, dois jornais gaúchos, *Diário de Notícias* e *Correio do Povo*, também passam a acolher os trabalhos do jovem escritor. Não só contos como desenhos. Compreendendo que será mais fácil vencer se estiver próximo de um grande centro, Érico Veríssimo muda-se de Cruz Alta para Porto Alegre. E nessa capital consegue um lugar de desenhista na *Revista do Globo*. Entre as novas amizades, encontra-se o escritor gaúcho Augusto Meyer (1902-1970) que, impressionado com os contos do rapaz, encaminha-o para o jornalismo literário. O sucesso vem logo e Érico sobe rapidamente a escada, chegando a secretário de redação da revista e, posteriormente, a diretor de redação, cargo que ocupa por dez anos.

E é nessa função que Érico se lança como tradutor. De cara, traduz *Point Counterpoint*, obra das mais complexas, de Aldous Huxley (1894-1963). Depois, assina outras e importantes traduções, como livros de Thomas Mann (1875-1955), James Joyce (1882-1941), John Steinbeck (1902-1968) e Katherine Mansfield (1888- 1923).

A vitoriosa Clarissa

Em 1932 Érico Veríssimo estréia oficialmente na literatura, com o livro *Fantoches*, coletânea de contos. Infelizmente, a obra não é bem aceita pela crítica nem pelo público. Isto, porém, não o desanima, e em 1933 lança o romance *Clarissa*. Aí a história muda de figura, o livro tornando-se um sucesso de crítica e de vendagem.

No prefácio de *Clarissa*, escreve Érico Veríssimo: "Sob os jacarandás floridos da velha Praça da Matriz de Porto Alegre, caminhava uma rapariguinha metida no seu uniforme de normalista. Teria quando muito treze anos, seu andar era uma dança, seu rosto uma fruta madura e seus olhos, que imaginei escuros, deviam estar sorvendo com avidez a graça luminosa e também adolescente daquela manhã de primavera. De minha janela eu a contemplava com a sensação de estar ouvindo uma sonata matinal e ao mesmo tempo vendo uma pintura animada.(...) Tinha eu naquela manhã de setembro exatamente vinte e sete anos, e não sei por que absurda razão a proximidade da casa dos trinta me levava a olhar nostalgicamente para a normalista, já com os olhos de quem sente saudade dum tempo perdido e irrecuperável. Foi então que me veio a sugestão de escrever a história duma menina que amanhece para a vida, pois talvez dessa forma eu pudesse prolongar o sortilégio daquele momento."

Em 1935, Érico Veríssimo publica *Caminhos Cruzados*, obra que lhe valeu o Prêmio Graça Aranha, da Academia Brasileira de Letras. A mesma ABL que haveria de conceder-lhe, em 1954, o Prêmio Machado de Assis, pelo conjunto de sua obra, e que tentou atraí-lo para ela, mas nunca conseguiu. Mas isso é outra história, que mais adiante será contada. O curioso é que parte da crítica acusou *Caminhos Cruzados* de amoral e comunista. Em 1936 Érico Veríssimo lança vários livros infantis – *As Aventuras do Avião Vermelho*, *Os Três Porquinhos Pobres*, *Rosa Maria do Castelo Encantado* – e o romance *Música ao Longe*. Ainda no mesmo ano, assina o livro *Um Lugar ao Sol*. E em 1937 envereda pela seara infantojuvenil com a obra *As Aventuras de Tibicuera*, sendo premiado novamente, desta vez pelo Ministério da Educação. No ano seguinte, com seu romance *Olhai os Lírios do Campo*, Érico consegue o que mais almejava: atingir o grande público.

Érico Veríssimo tinha uma forma curiosa de testar a validade dos seus livros infantis: contava as histórias para os filhos de Henrique Bertaso – seu editor – e, se eles gostassem, mandava-os para a editora. Tibicuera, herói de um dos seus livros infantis, era o apelido que a mãe lhe colocara.

Érico Veríssimo teve dois filhos com a esposa Mafalda, "a menina dos olhos azuis". Era avó de seis netos e um dos seus filhos, Luís Fernando Veríssimo, é cronista e escritor famoso.

Viagem proveitosa aos Estados Unidos

O ano de 1941 marca sua visita aos Estados Unidos, onde irá se fixar, em 1943, a convite do Departamento do Estado. Fica nesse país por dois anos, como professor de Português e Literatura Brasileira, na Universidade de Berkeley, na Califórnia. Ao mesmo tempo, seus romances são traduzidos para espanhol, inglês, francês, norueguês, húngaro, italiano, finlandês, sueco e holandês. Em pouco tempo Érico Veríssimo é reconhecido como brilhante conferencista e não lhe faltam convites para palestras. Aproveita e escreve, em inglês, *Brazilian Literature*. Suas impressões sobre o país e o povo americanos ele externa em dois livros: *Gato Preto em Campo de Neve* e *A Volta do Gato Preto*. Seu livro *O Resto é Silêncio* é de 1943.

Devido ao seu bom relacionamento com as autoridades culturais dos Estados Unidos, em 1953 é indicado pelo Ministério das Relações Exteriores do Brasil para exercer o cargo de Diretor do Departamento de Assuntos Culturais da União Pan-Americana, na secretaria da Organização dos Estados Americanos, em Washington.

A importante trilogia

Érico Veríssimo dedicou 12 dos seus 43 anos de vida literária à elaboração de sua obra mais importante, formada pela trilogia de *O Tempo e o Vento*: *O Continente*, *O Retrato* e *O Arquipélago*. Sobre ela, explicava o próprio autor: "O plano de fundo da trilogia é tecido de acontecimentos históricos e algumas de suas personagens são também figuras históricas. Mas a gente que aparece em primeiro plano – os Terras, os Cambarás, os Quadros – e o resto da vasta comparsaria são criaturas de ficção, embora muitas delas me tenham sido inspiradas por gente que conheci ou da qual pelo menos tive notícia. Toríbio se parece com um lendário tio meu, irmão de meu pai, curiosa, colorida personagem de romance de capa-e-espada. O velho Aderbal tem pronunciada semelhança com meu avô materno. Meu pai não era muito diferente do Dr.Rodrigo Cambará. E seria tolo e inútil negar que Floriano se parece muito comigo, embora as coisas que lhe aconteceram não me tenham acontecido tal como aparecem no livro. Quanto a Santa Fé, não se trata de Cruz Alta, como muita gente pensa. Direi que é antes uma cidade *parecida* com minha terra natal, isto é, dum município da região serrana-missioneira do Rio Grande do Sul, zona pastoril, cidade sem rios nem lagoas, perdida entre verdes coxilhas."

O *Tempo e o Vento* (cujo título primeiro era "Encruzilhada") reconstrói a história riograndense do século XVIII até os tempos em que o livro foi lançado, pela narrativa das lutas entre várias gerações, grupos sociais, partidos e facções políticas. Érico, por meio dessa obra, procura revelar os costumes, as tradições, e apontar os preconceitos, as desigualdades, as violências do povo gaúcho, como forma de denúncia.

A história de "Um certo Capitão Rodrigo" encontra-se em *O Tempo e o Vento*. É dela este primoroso trecho:

"Saltou da cama, botou o chapéu.

Bibiana também se ergueu e se aproximou do marido, agora mais feliz do que nunca.

- Por amor de nossos filhos, Rodrigo, tenha cuidado.

Ele tornou a beijá-la na testa, nos cabelos, na boca, dizendo:

- A vida vale mais que uma ponchada de onda. A gente passa trabalho numa guerra, mas se diverte muito.

Apanhou a espada que deixara sobre a mesa e exclamou:

- Me frita uma lingüiça que eu já volto. Até logo, minha prenda!

Precipitou-se para fora. Montou a cavalo e voltou a cabeça. Vislumbrou o vulto da mulher no desvão da porta e gritou-lhe:

- Cuidado com alguma bala perdida!"

Incidente vira minissérie

A seguir, em 1965, Érico Veríssimo escreve *O Senhor Embaixador*, no qual satiriza costumes políticos e diplomáticos. Em 1971 é a vez de *Incidente em Antares* onde, numa hipotética cidade gaúcha, faz críticas à atualidade política e ao processo histórico-social brasileiro, mediante a rivalidade de duas famílias. Em 1994 a TV Globo transforma *Incidente em Antares* numa minissérie.

Numa entrevista, ao indagarem ao grande escritor porque ele não escrevia suas memórias, respondeu Érico Veríssimo: "Jamais escreverei minhas memórias: não acho graça nenhuma no personagem principal." Mas voltou atrás, em 1973, ao lançar *Solo de Clarineta*, o primeiro volume de suas memórias, em nove capítulos, publicado pela Editora Globo. O segundo estava em preparo e narrava, entre outras coisas, experiências vividas em Portugal e Espanha. Mas este ficou incompleto, com o falecimento do escritor em 1975, bem como seus planos para um novo romance, *A Hora do Sétimo Anjo*, já esboçado.

No início da década de 70, apenas Jorge Amado e Érico Veríssimo viviam de direitos autorais em nosso país. Por quê? Érico respondeu na ocasião: "A estima do público que lê me agrada, sem a menor dúvida. Desejo comunicar-me com o maior número possível de seres humanos, e faço tudo para conseguir isso, dentro naturalmente da decência literária. Eu escrevo os meus romances. Quem os vende é a minha editora, a Globo. Podem afirmar, se quiserem, que não tenho a dizer, nada digno de divulgação. Objetarei que só o público que lê é quem decide isso. Não é o sucesso de vendas de meus romances que me faz desconfiar da qualidade deles, mas sim a leitura que faço dos grandes romancistas. Gosto mais de ler que de escrever. O preço de ter tantos leitores é, no meu caso, o anátema da chamada 'melhor crítica'. Pago esse preço com tranqüila e até divertida resignação."

Érico Veríssimo gostava de escrever numa sala escura, praticamente vazia. Nela havia uma máquina de escrever em cima de uma escrivaninha. No mais, um cabide para pendurar o chapéu, a bengala e o guarda-chuva. Além disso, apenas uma escarradeira.

Opinião sobre a crítica

Para Érico Veríssimo, a crítica era "o detetive, o juiz e, não raro, o carrasco". Isto ele escreveu na apresentação de *Incidente em Antares*. Mais tarde, em entrevista, haveria de explicar: "Não sou um revoltado contra a crítica. Gosto de ler ensaios e atualmente para cada quatro livros de ficção em geral leio uns seis de ensaios da mais diversa natureza. A história do 'detetive, do juiz e do carrasco' foi uma brincadeira. Que diabo! Não é indispensável ser sisudo a todas as horas do dia. E apresentando um romance escrito em tom quase sarcástico achei que podia me conceder o luxo duma brincadeira. Pois não me confessei desde o início 'criminoso'? Mas sejamos sinceros até a última gota. Vou lhe dizer qual é o tipo do crítico que me aborrece. É o que se leva demasiadamente a sério. O que não é capaz de compreender o humor (Eu sei! Eu sei que estamos vivendo um momento trágico no mundo.) Não gosto dos críticos que usam o tom apocalíptico e escrevem ou falam com ar de 'última palavra'. Prefiro os que me tomam pelo braço e dizem: 'Li o teu livro. Vou te dizer do que gostei e do que não gostei, e vou te mostrar porquê.' Desse tipo de crítico eu gosto. Posso tirar proveito de suas opiniões sobre meus escritos. Jamais suportei os sectários, os dogmáticos. E tenho um certo temor daqueles que não compreendem que um pintor pinta, um escultor esculpe e um romancista escreve não só porque teve um trauma de infância, tem espírito competitivo ou complexos de inferioridade. Não ocorre a esses homens graves que o artista e o escritor fazem "a sua coisa" (para usar duma expressão *hippie*) porque isso lhes dá um prazer lúdico? O homem é, entre muitas outras coisas bonitas e feias, um animal que brinca, que joga."

Quatro dias antes de morrer, numa entrevista dada ao jornal *Última Hora*, Érico declarava: "Não estou pensando na morte porque me sinto muito bem, mas sei que ela está ali adiante." Vítima de um ataque cardíaco, em sua residência no elegante bairro de Petrópolis, em Porto Alegre, o escritor faleceu no dia 28 de dezembro de 1975, quando assistia televisão. E foi sepultado no dia seguinte, no cemitério São Miguel das Almas, na capital gaúcha, sem discursos ou solenidades, como desejava. Sua aversão por homenagens e discursos era tanta que não aceitava nem mesmo ser paraninfo de turmas de formandos, que viviam a convidá-lo. Nos seus últimos anos de vida, Érico Veríssimo vinha tomando muitos cuidados com o coração, que incluíam longas caminhadas.

Érico e a Academia

Em 1966 insistiram para Érico Veríssimo concorrer a uma vaga na Academia Brasileira de Letras, na cadeira que pertencera a Maurício de Medeiros. O convite foi feito por Augusto Meyer, seu dileto amigo. Érico enviou-lhe um curto telegrama: "Grato pela consulta pt Positivamente não sou candidato pt Abraços." E à imprensa, que o procurou para saber porque recusara, declarou: "É tão fácil explicar porque não quero entrar para a Academia que talvez não consiga explicar. Eu direi assim: falta de entusiasmo, um pouco de preguiça e talvez, no fundo, sestro de caipira serrano. Eu respeito a Academia, tenho lá vários amigos que admiro e estimo, mas não tenho espírito acadêmico e nunca me passou pela cabeça essa idéia, nem sequer tive monólogos ou diálogos comigo mesmo para me perguntar se eu queria ou não entrar para a Academia. Não é que eu ache a Academia superior ou inferior à minha condição. Pelo contrário, nunca cogitei disso. Mas não sou candidato. Cada vez que ocorre uma vaga, fazem-me essa consulta. Creio que ninguém acredita que é sincera minha posição. Mas não pretendo ser candidato, não sou agora e não pretendo ser no futuro. Acho que a Academia, agora, está bem representativa. Antigamente, não, havia muito medalhão, mas hoje é diferente. Acho que com a entrada do Viana Moog (1906-1988), do Marques Rebelo (1907-1973), do Jorge Amado (1912-2001), ela representa mesmo a literatura brasileira."

Isso não é modéstia de sua parte?, indagou um repórter. "Eu não sou homem modesto: eu quero que todo mundo compre meus livros e que, se possível, gostem deles. Isso para mim é importante, é a comunicação. Estar ou não na Academia, isso não tem nada a ver com esse tipo de desejo meu."

A Academia devia aceitar inscrição de mulheres?, quis saber outro jornalista. "Eu sou a favor. Por que não? É uma idéia muito antiga, essa de que só homens podem entrar para a Academia. Acho que as mulheres deviam entrar. A Raquel de Queiróz (1910 -2003), por exemplo, é uma escritora que devia pertencer à Academia."

E pertenceu, Érico.

Lamartine Babo

O sempre lembrado Mestre Lalá

Nem bem haviam terminado as homenagens pelos 90 anos de Vinícius de Moraes e já eram preparadas outras festividades em comemoração ao centenário de Lamartine Babo. Daí que a Banda de Ipanema desfilou naquele Carnaval cantando as famosas marchinhas de Lalá. Soraya Ravenle, que vinha fazendo sucesso no palco do Teatro Carlos Gomes (RJ) com a "Ópera do Malandro", ensaiava um espetáculo em homenagem ao famoso compositor e Ricardo Cravo Albin escrevia a peça musical "Tra-la-lá – Lalá é cem!", com direção musical de Hélcio Brenha e participação das cantoras Carmélia Alves, Carminha Mascarenhas e Ellen de Lima, e do cantor Eduardo Costa que recentemente fizera um show relembrando os sucessos de Lupicínio Rodrigues.

As novas gerações pouco conhecem de Lamartine Babo, mas a maioria das moças e rapazes que freqüentam bailes de Carnaval já devem ter cantado alegremente algumas de suas imortais marchinhas, como "O teu cabelo não nega", "Linda morena" e

"A.E.I.O.U". E se deliciado, dançando agarradinhos, ao som de românticas canções como "Eu sonhei que tu estavas tão linda", "Mais uma valsa, mais uma saudade" e "Serra da Boa Esperança". E nas festas juninas, os jovens lembram músicas típicas como "Chegou a hora da fogueira" e "Isto é lá com Santo Antônio". Todas e belas composições daquele que era conhecido na intimidade como Lalá.

Sem falar, é claro, nas imensas torcidas dos principais clubes de futebol cariocas, cujos hinos foram criados por Lamartine Babo, os torcedores se esgoelando com suas letras nos dias de vitória de seus times. Curiosamente, em 2004 também se comemorou o centenário do América, clube de coração de Lamartine Babo.

Um menino prodígio

Lamartine de Azeredo Babo nasceu na Rua Teófilo Otoni, na cidade do Rio de Janeiro, no dia 10 de janeiro de 1904, há exatos 100 anos. Décimo segundo e penúltimo filho do casal Leopoldo de Azevedo Babo e Bernardina Gonçalves Babo, apenas dois dos seus irmãos, Leopoldo e Indiana, chegaram à idade adulta. Isto não impediu que os pais de Lamartine fossem de natureza festeira, realizando constantes e alegres saraus em sua casa, com a presença de gente famosa, como Catulo da Paixão Cearense e Ernesto

Nazareth. Desde cedo Lalá conviveu com a música, não só através do piano tocado por sua mãe e por uma de suas irmãs, como ouvindo os mestres nas salas de espera dos cinemas, levado até lá por seu pai.

Aos 13 anos, quando estudava no Colégio São Bento, venceu um concurso de poemas. E logo em seguida compôs o foxtrote "Pandoran" e a valsa "Torturas de amor", muito elogiados por compositores veteranos.

Em 1916, com o falecimento de Leopoldo de Azevedo Babo, a família enfrentou sérios problemas financeiros, levando Lamartine Babo a sair do São Bento e ir morar com a mãe na casa da mana Indiana, já casada. Deixando os estudos de lado, Lamartine Babo empregou-se como *office-boy* da Light. O tempo vago ele aproveitava para compor e se relacionar com artistas e jornalistas. Em 1923 conheceu Alda, que se tornaria a grande paixão de sua vida. O namoro durou dois anos, até que a moça, sem nenhuma explicação, escreveu-lhe uma carta de despedida e sumiu do mapa. Mais tarde Lamartine descobriu que ela desconfiava estar tuberculosa e não queria contagiá-lo.

Da Light Lalá foi para a Companhia Internacional de Seguros, de onde foi despedido quando o chefe o pegou de pernas pro ar, batucando um samba no tampo da mesa. A convivência com Eduardo Souto,

Bastos Tigre e outros autores de revistas teatrais o empurrou nesse rumo e para o jornalismo. De 1923 a 1924 colaborou no tablóide *D. Quixote* e de 1924 a 1925 na revista *Para Todos*, além de escrever com pseudônimo para outros veículos. Ainda em 1924 participou pela primeira vez do bloco "Tatu subiu no pau", de Eduardo Souto. Acontece que Eduardo financiava blocos para, nos meses que antecediam o Carnaval, saírem cantando e vendendo suas músicas nas batalhas de confete. Algumas, realizadas nas ruas Santa Luisa e Dona Zulmira, em Vila Isabel, eram famosas.

No Bando dos Tangarás

No ano seguinte, Lamartine Babo escreveu duas revistas para teatro: "Pequeno Polegar" e "Este mundo vai mal". Em 1927 teve sua primeira música gravada, "Os calças largas". A partir daí e por um bom tempo dedicou-se quase que exclusivamente a musicar peças teatrais, suas e de outros autores. Um fato curioso, acontecido em 1928: Lamartine Babo foi professor de dança do ex-Clube Tuna Comercial e do antigo Ginástico Português. Em 1929, Lalá aproximou-se do "Bando dos Tangarás", conhecido conjunto musical da época, do qual faziam parte Noel Rosa, João de Barro, Almirante, Alvinho e Henrique Brito. Com isso, abriu as portas do sucesso, já que os Tangarás passaram a gravar suas músicas. Nessa mesma época estreou na Rádio Educadora, comandando vários programas. Um dos mais conhecidos foi "Vida pitoresca e musical dos compositores". Não sabendo quem deveria abrir a série, foi ouvir a opinião de Almirante. "Você!", respondeu-lhe "a maior patente do rádio". E assim foi feito.

Outro programa que marcou época no rádio, alcançando recordes de audiência, apresentado para um auditório lotado, foi o "Trem da Alegria". Primeiro na Nacional, depois na Mayrink Veiga. Nele apresentavam-se o radialista Héber de Bôscoli, que fazia o papel do maquinista; a esposa de Héber, Yara Salles, que representava a foguista; e Lamartine Babo, o guarda-freios. Como os três eram magérrimos, ficaram conhecidos como o "Trio de Osso", numa alusão ao famoso "Trio de Ouro".

E aí entra a história dos hinos dos clubes cariocas de futebol. Num daqueles programas, Héber de Bôscoli desafiou Lalá a compô-los. Eles foram surgindo, um por semana. Primeiro, o do Flamengo ("Uma vez Flamengo / Sempre Flamengo / Flamengo sempre eu hei de ser..."); depois, o do Fluminense ("Sou tricolor de coração / Sou do clube tantas vezes campeão / Fascina pela sua disciplina..."). Vieram, a seguir, o do Vasco ("Vamos todos cantar de coração / A Cruz de Malta é o teu pendão! / Tens o nome do heróico português..."); o do Botafogo ("Botafogo!

Botafogo! / Campeão de 1910 / Foste um herói em cada jogo...") e o do América, segundo a maioria o mais bonito de todos : "Hei de torcer, torcer, torcer / Hei de torcer até morrer / Morrer, morrer / Pois a torcida americana é toda assim / A começar por mim / A cor do pavilhão / É a cor do nosso coração..."

Primeiro em dois concursos

O amor ao jornalismo, porém, não arrefecera, e Lamartine colaborava em diversas jornais, como o *Correio da Manhã*, o *Diário de Notícias* e a *Gazeta de Notícias*.

Lamartine Babo ganhou dois concursos musicais: o primeiro em 1930, patrocinado pela revista *O Cruzeiro*, com o samba "Bota o feijão no fogo", concorrendo com o pseudônimo T. Mixto. O segundo lugar coube a Ary Barroso, com a marcha "Eu sou de amor", sob o pseudônimo Boy. No ano seguinte, num certame promovido pela Casa Edison, Lamartine Babo voltou a obter o primeiro lugar com a marcha "Bonde errado". Como autores, no entanto, aparecem os nomes de duas mulheres, amigas da turma dos Tangarás. O segundo lugar ficou com Almirante e João de Barro, com o samba "Olha a crioula". Eles se assinaram Bacurau & Megatério. Foi por essa época que Lalá reencontrou sua antiga namorada Alda. Voltaram a namorar, até que Alda descobriu que ele a enganava com outra moça e acabou definitivamente com o chamego.

Já famoso como compositor popular, Lamartine Babo passou a ser conhecido como um dos "Ases do Samba". Os outros dois eram Francisco Alves e Mário Reis. Nos shows, Chico e Mário cantavam e Lamartine contava piadas.

A partir daí foi uma seqüência de músicas de sucesso: "O teu cabelo não nega", "Linda morena", "Serra da Boa Esperança" (...)

Até que, em 1947, ele conheceu Maria José, com quem se casou em 1951, numa cerimônia das mais reservadas, sem a presença de nenhum dos seus amigos. "Por quê?", "Porque não ia ter lugar na igreja pra tanta gente", justificou-se.

Desiludido com o mercantilismo que invadira as rádios, os discotecários só divulgando as músicas dos amigos ou dos que lhes "molhavam" as mãos, Lamartine Babo deixou de compor para o Carnaval, passando a ocupar vários cargos na União Brasileira dos Compositores – UBC, sempre defendendo ardorosamente o direito autoral.

Lalá também trabalhou na televisão, produzindo programas como "Lamartine e o Carnaval do passado". E, a partir da década de 60, alguns discos para a gravadora Copacabana.

A 9 de fevereiro de 1963 ele sofreu um enfarte do miocárdio seguido de dois edemas, mas reagiu milagrosamente e em pouco tempo voltou às atividades normais. Carlos Machado anunciara a estréia de um show milionário baseado na vida e obra de Lamartine Babo. Lalá fora procurar o famoso produtor e, humildemente, tentara faze-lo mudar de idéia, mas acabou concordando em assistir aos ensaios. E isso, para muitos, foi a sua perdição. Cada vez mais emocionado com a homenagem, voltou a passar mal.

Na madrugada do domingo 16 de junho teve um novo enfarte e faleceu. Foi enterrado no carioca Cemitério do Caju. E ao enterro compareceu uma multidão de amigos e curiosos. Entre os primeiros, Cristóvão de Alencar, João de Barro. Sinval Silva, Milton Amaral, Alcir Pires Vermelho, Marino Pinto, Brazinha, Newton Teixeira, Silvino Neto, Bororó, Pedro Caetano, Dircinha Batista, Gastão Formenti, Almirante, Barbosa Júnior, Waldir Azevedo e muitos outros.

Pérolas de Lamartine

Sempre alegre, simpático, boa praça, não perdendo oportunidade para fazer uma piada, devido à sua exagerada magreza, durante um bom tempo foi o personagem preferido dos chargistas e caricaturistas brasileiros. Um incêndio, infelizmente, destruiu a sua valiosa coleção de charges e caricaturas.

* Aconteceu na estréia de um programa de Lamartine Babo na Rádio Mayrink Veiga, onde ele contava piadas e cantava algumas músicas de sua autoria. Terminado o programa foi chamado ao telefone. Atendeu. O diálogo: "Quero falar com o Sr. Lamostine." "Não é Lamostine, meu senhor, é Lamartine. Sou eu mesmo." "Ah! É o senhor? Muito bem. Olhe, Sr. Lamartine, vá cantar no rádio que o parta!"

* Certa vez Lamartine Babo foi convidado para ser juiz de um jogo de futebol. "Aceito, desde que não vente", respondeu ele.

* Lalá se definia: "Não foi à toa que Deus me fez magro assim – homem de poucos quilos, poeta de muitos quilates."

* Um amigo e grande admirador apresenta-o a uma senhorita: "Este é o grande Lamartine Babo, em carne e osso." Lalá retruca: "Exagero, exagero. Em osso só, em osso só."

* "Eu não dou fotografias aos meus fãs. Dou radiografias", brincava.

· O produtor da TV informa-lhe que a entrevista que ele dera seria substituída por outra, de Tom Jobim nos Estados Unidos. Lalá, desolado: "Quer dizer que eu estou um tom abaixo."

· Lamartine Babo entrega um telegrama nos Correios e nota que um dos funcionários, voltado para um colega e referindo-se a ele em Código Morse, bate com o lápis no tampo da mesa: "Magro e feio." Lalá não perde a pose e, também com um lápis, retruca em Morse: "Magro, feio e ex-telegrafista."

Numa entrevista: "Eu me achava um colosso. Mas um dia, olhando-me no espelho, vi que não tenho colo, só tenho osso."

1930

"A.B.Surdo", Noel Rosa e Lamartine Babo

"No rancho fundo", Ary Barroso e Lamartine Babo

1931

"A.E.I.O.U.", Noel Rosa e Lamartine Babo

"Canção para inglês ver", Lamartine Babo

"Dançando com lágrimas nos olhos" (Dancing with tears in my eyes), José Burke, Al Dubin e versão de Lamartine Babo

"O teu cabelo não nega", Lamartine Babo e Irmãos Valença

"Uma andorinha não faz verão", Lamartine Babo e João de Barro

1932

"A tua vida é um segredo", Lamartine Babo

"Aí, hein!", Lamartine Babo e Paulo Valença

"Infelizmente", Lamartine Babo e Ary Pavão

"Linda morena", Lamartine Babo
1933
"As cinco estações do ano", Lamartine Babo
"Chegou a hora da fogueira", Lamartine Babo
"História do Brasil", Lamartine Babo
"Moleque indigesto", Lamartine Babo
"O sol nasceu pra todos", Lamartine Babo
"Ride palhaço", Lamartine Babo
1934
"Grau dez", Ary Barroso e Lamartine Babo
"Isto é lá com Santo Antônio", Lamartine Babo
"Rasguei a minha fantasia", Lamartine Babo
1935
"Marchinha do grande galo", Lamartine Babo e Paulo Barbosa
"Na virada da montanha", Ary Barroso e Lamartine Babo
1936
"Cantores do rádio", Lamartine Babo, João de Barro e Alberto Ribeiro
1937
"Mais uma valsa, mais uma saudade", Lamartine Babo e José Maria de Abreu
"Serra da Boa Esperança", Lamartine Babo

1938

"Hino do Carnaval brasileiro", Lamartine Babo

1939

"Joujoux e balangandãs", Lamartine Babo

1941

"Eu sonhei que tu estavas tão linda", Lamartine Babo e Francisco Mattoso

"Perfídia", Lamartine Babo

1942

"Alma dos violinos", Lamartine Babo e Alcir Pires Vermelho

1955

"Pistolões", Lamartine Babo

1959

"Minha cabrocha", Lamartine Babo

1960

"Ressurreição dos velhos carnavais", Lamartine Babo

1963

"Dia de jejum", Lamartine Babo e Lyrio Panicalli

Leônidas da Silva

Um diamante no futebol

Num domingo, dia 24 de janeiro de 2004, falecia, aos 90 anos, um dos maiores jogadores brasileiros de futebol de todos os tempos. Idoso e enfermo, vivendo praticamente esquecido em São Paulo, poucos se recordavam que ele deslumbrou as platéias de todo o mundo com seus gols sensacionais. Seu nome: Leônidas da Silva. Ou, se preferirem, Diamante Negro. Infelizmente ele não contou com a fabulosa divulgação da televisão, suas excepcionais jogadas estando registradas apenas em filmes e fotografias desgastados pelo tempo.

No dia do seu falecimento, por coincidência a Seleção Brasileira Sub-23 enfrentava o Paraguai. A equipe brasileira, numa justa homenagem ao falecido, entrou em campo usando uma fita preta na manga das camisas. E a CBF solicitou à Commebol que fosse observado um minuto de silêncio antes do jogo.

Leônidas nasceu em 1913, na cidade de São Paulo. Filho de gente pobre, morava com a mãe, Maria da Silva, no bairro carioca de São Cristóvão, na casa de um casal que adotara sua progenitora. Embora tenha estudado até o colegial, seu sonho era ser jogador de futebol. Menino ainda, já se destacava nas *peladas* da Ponte dos Marinheiros, local próximo à sua residência, disputando a bola com gente bem mais velha. Aos 13 anos passou a atuar no time de juvenis do São Cristóvão. Embora amador, sempre havia algum aficionado para oferecer-lhe dinheiro para jogar pelo seu time. Por isso o pequeno Leônidas andou mudando de clube. Num curto espaço de tempo, atuou pelo Havanesa, o Barroso e o Sul-Americano, todos clubes do bairro onde morava, abiscoitando alguns mil-réis que ajudavam no sustento da família. Em 1930, aos 17 anos de idade, foi para o Bonsucesso, onde se profissionalizou, assinando o primeiro contrato, de 400 mil réis mensais.

 Bastou um ano nesse clube suburbano para ser convocado para a seleção carioca, atuando contra o Ferencvaros, campeão húngaro. Nessa partida Leônidas marcou um gol. Na seleção brasileira o efetivo era Nilo, que também jogava o fino. Mas Nilo se contundiu e Leônidas foi chamado para ocupar o seu lugar. O teste foi contra a seleção uruguaia, o Brasil vencendo por 2 a 1, os dois gols assinalados por Leônidas. Em 1934 transferiu-se para o Nacional de Montevidéu, mas não foi feliz nessa mudança, em virtude de séria contusão no joelho.

 Voltou ao Brasil, jogou pelo Vasco, foi campeão, em 1935 pelo Botafogo e no ano seguinte transferiu-se para o Flamengo, onde atuou de 1938 a 1942, ganhando o título de campeão carioca de 1939. No rubro-negro viveu sua época áurea, deslumbrando as platéias com suas jogadas e seus gols maravilhosos.

O São Paulo ofereceu-lhe um contrato milionário – para a época, é claro – e Leônidas se mandou para a Paulicéia. Quando desembarcou na capital paulista uma multidão histérica o aguardava. Na sua estréia pelo São Paulo o Pacaembu bateu todos os recordes de público até aquela data. Mais de 70 mil pessoas foram ver o Diamante Negro jogar. E Leônidas não decepcionou os torcedores do tricolor paulista, ajudando o São Paulo a ganhar os campeonatos de 43, 45, 46 e 49. E calou aqueles que criticaram o São Paulo por ter contratado um jogador em fim de carreira. Atuou até 1950 pelo tricolor, sendo sempre o destaque do time, num ataque em que jogavam Luizinho, Sastre, Remo e Teixeirinha.

Leônidas jogou nas Copas do Mundo de 1934 e 1938, desta última sendo o artilheiro. E foi num desses campeonatos que ele executou, pela primeira vez, a sua famosa "bicicleta", uma jogada mais tarde imitada, mas nunca igualada. Jogada imortalizada na sala de troféus do São Paulo.

Em 1950 pendurou as chuteiras, tentando sem sucesso a carreira de técnico. Acabou ingressando na Secretaria de Trabalho do Estado de São Paulo, onde funcionou no setor de recreação. Entre outras criações, lançou os vitoriosos Jogos Olímpicos do Trabalhador. No começo dos anos 50 Paulo Machado de Carvalho convidou Leônidas para ser comentarista esportivo da Jovem Pan, onde ficou por muitos anos. Depois que deixou a carreira de comentarista, em 1970, aquele que também foi chamado de "Homem de borracha" nunca mais foi a um estádio de futebol.

Sua atuação nas copas mundiais

Um curto resumo da vida daquele que chegou a ser comparado a Pelé. Quando se trata de procurar semelhanças entre um craque do passado e um do presente, é bom verificar em que condições cada um deles atuou ou atua. Antes de Leônidas, outro jogador, Artur Friedenreich (1892-1969), que jogou até os 43 anos de idade, fora consagrado como um grande goleador, obtento um recorde de tentos que nem Pelé igualou. Leônidas tomou o lugar de Friedenreich, mais tarde ocupado por Pelé, a única unanimidade no futebol mundial. Pulando por cima de uma infinidade de outros e tão fabulosos craques brasileiros, substituiríamos, na atualidade, o atleta do século por Ronaldinho, por duas vezes eleito o melhor do mundo.

É óbvio que Leônidas nunca desfrutou as vantagens e mordomias oferecidas àqueles que se consagraram depois dele. Se o criador da "bicicleta" tivesse vivido profissionalmente nos dias de hoje, estaria ganhando uma fortuna em algum time europeu.

Nas oitavas-de-final da Copa do Mundo de 1934, realizada na Itália, o Brasil jogou contra a Espanha e perdeu por 3 a 1. O único gol brasileiro foi marcado por Leônidas. Veio a copa de 1938, na França, e a consagração definitiva de Leônidas, já batizado pelos europeus de o "Homem de borracha". Nas oitavas-de-final o Brasil enfrentou a Polônia, um osso duro de roer, mas venceu a partida por 6 a 5, com quatro gols do Diamante Negro. No segundo jogo, pelas quartas-de-final, empate de 1 a 1 com a Checoslováquia, o único gol brasileiro sendo marcado por Leônidas. Veio a partida-desempate, e o Brasil venceu por 2 a 1, o Diamante Negro assinalando um dos dois gols brasileiros. Aconteceu, então, a tumultuada partida com a Itália, quando perdemos por 2 a 1. Leônidas, contundido, não jogou. E o juiz suíço Hans Wuthrich marcou um pênalti inexistente de Domingos da Guia no atacante italiano Piola, convertido por Meazza. O curioso é que a falta do nosso fenomenal zagueiro foi bem longe da área, mas o árbitro declarou que o que valia era a "intenção".

Nas semifinais o Brasil pegou a Suécia e, novamente com Leônidas, venceu por 4 a 2, o Diamante Negro assinalando dois gols. A Itália foi campeã de 1938, o Brasil ficando com o terceiro lugar.

Um quase escândalo

Aqui abrimos um parêntese para comentar os acontecimentos extra-campo da Copa de 38. O locutor Gagliano Neto, muito popular naquele tempo, estava irradiando os jogos para o Brasil. Quando aconteceu o pênalti inexistente, ele ficou apopléctico, berrou como um alucinado, achando que o juiz podia até expulsar Domingos da Guia, mas nunca marcar a penalidade máxima totalmente fora da área. Os ouvintes, no Brasil, raivosos, foram para as ruas, protestando e querendo destruir tudo que fosse estabelecimento comercial pertencente a italianos.

Para acalmá-los o Governo inventou – e divulgou pelas rádios – que a partida seria anulada, o que acalmou a malta enfurecida. Só que isso era mentira, uma vez que as autoridades esportivas francesas não admitiam tal hipótese. Surgiu, também, o boato de que Leônidas levara alguns milhões dos italianos (na época a Itália estava sob o jugo do ditador Benito Mussolini) para fingir estar contundido e não atuar naquela quarta-de-final.

Leônidas sempre se negou a comentar esse assunto mas em julho de 1958 ele concordou em nos dar uma entrevista sobre o possível escândalo, que foi publicada na revista *O Cruzeiro*. Quem o acusava de suborno era outro jogador brasileiro, Niginho, que deveria ter sido reserva de Leônidas naquela copa, mas não pudera jogar por ser considerado "cidadão italiano" (ele era filho de pais italianos). Nessa ocasião Leônidas contestou as declarações de Niginho: "Ele afirma que no dia do jogo com a Itália, decisivo para o Brasil, apareci com uma estranha distensão muscular e que o 'médico' (o jogador Nariz, que também atuava pela seleção brasileira e era estudante de Medicina) não conseguiu localizá-la. Insinua que eu estaria simulando, tendo sido subornado pelos assessores de Mussolini. Um mundo de mentiras! Tudo começou na partida com a Checoslováquia. Logo no primeiro tempo ficamos com nove homens (Zezé e Machado foram expulsos) e agüentamos o jogo e mais a prorrogação desse jeito. Foram duas horas de futebol que me estouraram os músculos. Empatamos. Deveríamos voltar a jogar com os checos 48 horas depois. Falei com Ademar Pimenta, o técnico, e ele me disse que eu precisava voltar a jogar, que ia me sacrificar porque o Brasil não podia ser desclassificado. Do primeiro time só jogaram, na partida-desempate, eu e o Walter (goleiro). Quando ela terminou, meus músculos acusavam o desgaste. Foi o que aconteceu com De Sordi, que não pôde atuar na última partida na Suécia (Copa de 1958), por estar ameaçado de uma distensão. Após o jogo-desempate tomamos um trem para Marselha, viajando 17 horas seguidas. Sofri bastante nessa viagem. Tentaram me tratar no próprio trem, com compressas quentes.

O Dr. Castelo Branco acumulava as funções de chefe da delegação e médico e tinha como auxiliar o Nariz. Os dois podem ser testemunhas dos meus padecimentos. Em Marselha continuei o tratamento, mas no dia da partida com a Itália verifiquei ser impossível entrar em campo. Tenho declarações assinadas, com firmas reconhecidas, do Pimenta e do Dr. Castelo Branco, provando que eu, naquele dia, estava mesmo contundido e não poderia jogar. Dois dias depois da partida com a Itália, eu realmente atuei contra a Suécia, mas continuava contundido. O Pimenta me dissera que não podia perder o terceiro lugar ("Mesmo parado, você será útil, obrigará os suecos a marcá-lo e deixará seus companheiros mais soltos."). Fiz dois gols, mas aproveitando dois ótimos passes."

O porquê do Diamante

Os entendidos em futebol, quando se referem à galeria dos maiores jogadores brasileiros de todos os tempos, sempre colocam nela Leônidas, Domingos da Guia, Garrincha e Pelé.

Quando Leônidas completou 80 anos, em 1993, deu uma entrevista, demonstrando sua total desilusão com o esporte que o fez famoso: "Ir ao estádio para quê? Para ver os jogadores baixarem o sarrafo? A violência acabou com o futebol. Estão violentando a vocação natural de nossos craques." Reclamou, também, da venda de nossos craques para o Exterior. Sem filhos ou netos para criar, naquela ocasião Leônidas contava com a total dedicação de Dona Albertina, sua esposa.

Com a insistência do repórter, aos poucos ele recordou o passado : "No meu tempo a gente treinava terça e quinta. Depois, ia lá dentro e dava espetáculo. Hoje, o pessoal treina diariamente, até no dia do jogo. Quando vai jogar, está arrebentado. O pior é que não treinam para aprimorar a técnica; eles só querem reforçar o físico." Para Leônidas o futebol perdeu em imaginação e é muito mais violento do que no seu tempo: "Você vê um jogador livre de marcação e com o campo todo pela frente. Em vez de avançar, ele toca a bola para o lado. Isso não tem sentido."

Por que Diamante Negro? "Uma indústria lançou um chocolate com o meu apelido. Eu cheguei a fazer a sua propaganda de graça, até que os amigos me alertaram para o fato de que estava sendo tolo. Aí cobrei e eles me pagaram dois contos de réis, uma boa quantia na época." E a "bicicleta"? Como ela nasceu? "Quem deu esse nome à jogada foi o Ary Barroso, que além de excelente compositor era locutor de futebol. Quando ele me viu pular de cabeça para baixo, de costas para o gol, dar o chute com as pernas pedalando no ar e marcar, batizou a jogada."

Um das mais famosas "bicicletas" de Leônidas virou lindo pôster. Ela foi dada na vitória do São Paulo contra o Juventus, pelo Campeonato Paulista de 1948. Era uma das poucas recordações guardadas pelo enfermo Diamante Negro. Quanto aos inúmeros troféus que ganhou durante a sua vitoriosa carreira, não restava mais nenhum. Ladrões invadiram seu apartamento e levaram todos eles.

Um famoso jornalista francês, Raymond Thourmagen, depois de assistir a um jogo do Brasil na Copa de 1938, assim definiu o Diamante Negro: "Quando Leônidas faz um gol, pensa-se estar sonhando, esfregam-se os olhos, Leônidas é a magia negra."

Leônidas não merecia o triste fim que teve. Internado numa clínica geriátrica em estado grave, vítima do Mal de Alzheimer, nos dias finais já não conhecia ninguém nem se lembrava de nada. Felizmente para sua família, sem fazer nenhum alarde, a diretoria do São Paulo – a quem Leônidas deu tantas glórias – cobria todas as suas despesas hospitalares.

Leônidas se foi, mas André Ribeiro, autor da sua biografia, com o livro *O Diamante Eterno*, está empenhado em produzir um documentário sobre a vida do craque. Tomara que obtenha patrocinador. Leônidas merece.

Procópio Ferreira

O maior dos comediantes

"A popularidade de Procópio era impressionante. Quando questionei Bibi sobre o fato, ela brincou, dizendo que para se ter uma idéia do que seu pai representava seria preciso juntar Xuxa com o galã da novela das oito e a mais famosa dupla sertaneja", escreve a jornalista e atriz Jalusa Barcelos em seu livro *O Atleta da Palavra*, sobre a vida do ator Procópio Ferreira, lançado pela Record em comemoração aos 100 anos de nascimento daquele que foi, sem dúvida, o primeiro grande ator cômico do Brasil.

Para os que não conhecem Procópio nem de nome, basta que lhes revele um fato, contado na mesma obra, ao tempo em que nem se sonhava com a televisão em nosso país. Sua popularidade era tanta que quando desfilava pelas ruas do Rio de Janeiro, dirigindo o seu carro esporte conversível, o povo se aglomerava nas calçadas para aplaudi-lo. Uma das fotos mais divulgadas daquele tempo, publicada no livro *O Mágico da Expressão*, editado pela Funarte, mostra Procópio Ferreira sendo carregado por seus admiradores, logo após seu desembarque de um navio, de volta de uma excursão à Europa.

O pai o expulsou de casa

João Álvaro Quental Ferreira nasceu no dia 8 de julho de 1898, no Rio de Janeiro. Seu pai, Francisco Firmino Ferreira, era português da Ilha da Madeira. Sua mãe também viera de Portugal e se chamava Maria de Jesus Quental Ferreira. Procópio era o primogênito de quatro irmãos, sendo que um deles, Jaime Ferreira, também foi ator. Desde criança que Procópio sonhava em trabalhar no teatro. Isto numa época em que não existiam, praticamente, atores famosos no Brasil e a carreira era mal vista pela sociedade.

Por essa época, o pai de Procópio já era um industrial bem sucedido, fabricante de móveis, e foi ele, sem querer, quem o incentivou, levando-o a assistir algumas peças, que o deixaram bem impressionado. Lançando mão, novamente, de Jalusa Barcelos, ela conta que "Procópio foi a um espetáculo infantil e se apaixonou pela fada e seu poder mágico. Ele sempre dizia que aquela cena foi fundamental para se decidir pela carreira. Mas no início ele teve que comer o pão que o diabo amassou para seguir em frente."

Aos 18 anos, quando o pai, furioso, soube que ele estava matando as aulas de Direito para freqüentar a Escola de Artes Dramáticas do Rio, atual Martins Pena, o expulsou de casa, fazendo-o sair apenas com a roupa do corpo. Depois foi ao armário do quarto de Procópio e rasgou todo o seu vestuário.

Entrou pela porta errada

A estréia de Procópio no palco foi com o nome de João Ferreira. Aconteceu em dezembro de 1916, no carioca teatro Carlos Gomes, interpretando, para a companhia teatral de Lucília Peres, um papel de pouca importância: o de um criado na comédia francesa "Amigo, mulher e marido" (*L'Ange du Foyer*). Contam as crônicas da época que o jovem ator estava tão nervoso que entrou no palco pela porta errada. Esse foi seu único erro, em sua vitoriosa carreira de sucessos e uma coleção de prêmios e honrarias que poucos atores receberam em todo o mundo.

Na companhia de Lucília Peres, em parte devido à sua idade, Procópio não teve nenhuma boa oportunidade, representando desde um soldado que tomava conta do túmulo de Cristo, no "Martir do Calvário", ao comparsa de "A cabana do Pai Tomás", peça na qual usou, pela primeira vez, o nome que o celebrizou. Ainda em 1917 foi trabalhar no Politeama do Méier, mudando de gênero. Nesse teatro de um subúrbio carioca fez toda espécie de operetas vienenses e revistas.

Existe muita controvérsia em torno da mudança do nome de João Álvaro de Jesus Quental Ferreira. A história mais aceita pelos biógrafos de Procópio Ferreira remonta a 1917, quando ele estava ensaiando para fazer o papel do Moleque Beija-Flor, numa adaptação de "A cabana do Pai Tomás". O diretor da peça sugeriu-lhe que, pelo menos, abreviasse o nome. João resolveu consultar a folhinha e ver qual o santo do dia. Era São Procópio!

Em 1918, aos 20 anos, ingressou na Companhia Itália Fausta, tomando parte, então, em todo o repertório da Companhia Dramática Nacional, que ia de "Antígona" a "Ré Misteriosa". Nesses ontens o famoso empresário Pascoal Segreto pontificava na Praça Tiradentes, no Centro do Rio, que reunia diversos teatros. Pascoal era dono de todos eles e resolveu criar uma companhia de operetas, para atuar no teatro São Pedro (atual João Caetano), anunciando-a pomposamente como "gênero Teatro Chatelet, de Paris". Dela sairiam dois dos maiores atores do nosso teatro de comédia: Procópio Ferreira, em 1919, e Jaime Costa, em 1920.

Sua própria companhia

Em 1920, ao fundarem uma companhia de comédias, Alexandre de Azevedo e Antônio Serra, dois atores portugueses radicados entre nós, contrataram

Procópio Ferreira. Era o início e integração definitiva num gênero que nunca mais o abandonaria e no qual o público jamais deixaria de aplaudi-lo. No período 1921-22, Procópio passa para a Companhia Abigail Maia, onde obtém os maiores êxitos como comediante, como na peça "A Juriti" (adaptada para comédia) e "Onde canta o sabiá", quando tem a honra de interpretar o papel principal.

São tempos áureos para os teatros, quando o povo acorria a essas casas de espetáculos, lotando-as diariamente. A tal ponto que as companhias costumavam fazer duas sessões noturnas. As peças giravam sempre em torno de um ator ou atriz bem popular, que garantia a bilheteria. Em 1924 Procópio Ferreira, já conhecido nacionalmente, resolveu formar sua própria empresa teatral. E, como é óbvio, escolheu para o repertório peças cujo papel principal lhe caísse como uma luva.

Por vezes isso não era possível, mas Procópio não hesitava em adaptar a peça ao seu estilo. Foi assim com a comédia francesa "Nina", para a qual ele criou um personagem adequado à sua figura. Os demais atores, os comparsas, eram obrigados a obedecer a uma rígida hierarquia no palco. Eles, por exemplo, só podiam se sentar depois do ator principal.

Sobre essa aparente discriminação, explicava Procópio: "Para haver teatro de equipe, como querem alguns, é necessário que todos os atores estejam no mesmo nível. Não teria sentido uma Sarah Bernhardt, um Jean-Louis Barrault cederem seus papéis de protagonista para artistas de menor brilho."

Deus lhe pague

Devido ao crescente sucesso de sua companhia, Procópio inovou na criação de peças da época, contratando autores exclusivos, que o abasteciam de textos, graças ao bom salário que lhes pagava. Foi assim que surgiu seu mais conhecido êxito, "Deus lhe pague", de Joracy Camargo, considerado um dos maiores sucessos do teatro mundial. Essa peça foi representada por Procópio Ferreira 3.621 vezes até 1968, tornando-se o original mais famoso do moderno teatro brasileiro, sendo traduzida e interpretada em quase todos os idiomas.

Foi no teatro de Procópio que surgiram grandes nomes, como sua filha, Bibi Ferreira, do seu casamento com a atriz Aida Isquierdo, e o ator Rodolfo Mayer. Feio, baixo, de temperamento difícil, vaidoso, centralizador, alienado, Procópio, em contra-partida, possuía um charme e simpatia capazes de apagar todas essas más qualidades. As mulheres, de modo geral, eram facilmente conquistadas. Tanto que, depois da mãe de Bibi, Procópio casou mais três vezes e teve um sem número de casos amorosos, dos quais nasceram, conhecidos, mais cinco filhos, entre eles o ator Renato Restier.

Embora "Deus lhe pague" tenha sido a peça que o tornou conhecido em todo o Brasil, ficando anos em cartaz, em "O avarento", de Molière – peça estreada em 1943 e remontada em 1969 – sua representação de Harpagão constitui a extraordinária simbiose de um prodigioso ator com um fabuloso personagem. O ator francês Louis Jouvet, que assistiu ao espetáculo no Rio de Janeiro, ao término do mesmo estava tão entusiasmado que foi ao camarim convidar Procópio para apresentar "O avarento" em Paris.

O Beija-flor

Existem muitos fatos pitorescos relacionados a Procópio Ferreira. Um deles refere-se ao valor dado aos seus bens, quando terminava um dos seus inúmeros casos amorosos. De tudo que estivesse na residência em comum, só fazia questão de levar duas coisas: a biblioteca e o "Beija-flor", um bar assim batizado, que ele montara pela primeira vez ao tempo em que vivia com a mãe de Bibi. Nele havia tudo que faz a graça de um botequim "pé-sujo", como as típicas mesas e cadeiras e até uma máquina registradora, que nunca funcionou, já que ali era tudo grátis, autêntica "boca-rica". A maioria dos atores e atrizes, assim que terminavam os espetáculos, corriam à casa de Procópio para se deliciarem com suculentas dobradinhas à moda do Porto e cachaça de primeira qualidade

Tônia Carrero lembra, no livro de Jalusa, que ela e seu então marido, Adolfo Celi, eram *habitués* do "Beija-flor". Nessas reuniões, os filhos, de diversas mulheres, conviviam harmonicamente. E foi um deles, Lígia, que revelou que Procópio, embora um *bon-vivant*, era um fanático comunista. "Provavelmente por ter medo de que a revelação pudesse prejudicar sua carreira, Procópio manteve em segredo a opção política", conta Jalusa. Seu gênio irascível revelou-se certa feita, quando sua companhia excursionava por Porto Alegre. Quando soube que a atriz que estava namorando tinha um caso com um coronel gaúcho, Procópio partiu para a grossura, dando-lhe uma surra.

O livro da jornalista não só aborda a carreira artística de Procópio Ferreira, mas informa, também, suas inúmeras e efêmeras paixões e as 461 peças em que trabalhou em seus 64 anos de palco. E esclarece: "Procópio não morreu rico. Ao contrário. Teve que trabalhar até os últimos dias de vida, em 1978, para se sustentar."

A carreira de Procópio Ferreira começou a declinar a partir do final dos anos 40, já que seu espaço no teatro brasileiro ficava cada vez mais exíguo. Seu público fiel desaparecia aos poucos e os jovens tinham outros interesses. Daí que, além de interpretar o musical americano "Como vencer na vida sem fazer força", pouco mais fez de novo no teatro naquela época. Na década de 60 Procópio Ferreira aderiu à televisão e passou a aparecer em diversas novelas. Por ironia, seu último prêmio de interpretação resultou de um dos seus raros trabalhos no cinema. Em 1972 a Air France o premiou pelo seu desempenho no filme "Em família".

No teatro, além de remontar antigo êxitos, com elencos cada vez menores, devido à falta de verba, também passou a representar sozinho, como em "O vendedor de gargalhadas", de 1975, e "Como fazer rir", coletâneas de textos de humor. Mas garantia que iria trabalhar até o último dia de vida. Comemorou seus sessenta anos de teatro internado num hospital, mas assim que lhe deram alta foi excursionar pelo interior de São Paulo com "Como fazer rir". Procópio escreveu diversos livros sobre a arte teatral.

Ele era um contumaz fumante. Nos tempos finais, porém, usava uma piteira, tentando amenizar o mal do tabaco. Influenciado por Hamilta, sua última mulher, ingressara numa seita, a "Cultura racional-Universo e desencanto". Este constitui o último desafio para Jalusa Barcelos: encontrar Hamilta, para que ela conte, em seu depoimento, como foram os últimos dias de Procópio. A escritora sabe apenas que a última esposa do ator vive numa cidade do interior de Goiás.

Como sua maior herança Procópio deixou-nos Bibi Ferreira, excepcional atriz, que soube corresponder ao que o pai esperava dela.

As comemorações

Várias foram as comemorações pelos 100 anos de nascimento de Procópio Ferreira. Em dezembro de 1998 a Record lançou o livro *O atleta da palavra*, de Jalusa Barcellos. Em julho de 1999, a Funarte, dentro da série "História Visual", colocou no mercado um livro com fotografias raras do ator, intitulado *O Mágico da Expressão*, também de Jalusa Barcellos.

A mesma Funarte promoveu, no segundo semestre daquele ano, o relançamento do livro *O ator Vásquez*, no qual Procópio rende homenagem ao ator Francisco Vásquez, do fim do século passado, e comenta sua técnica interpretativa.

Bibi Ferreira pretendia encenar uma peça do imenso repertório do pai, mas ainda não escolhera qual, embora estivesse propensa a optar por "Deus lhe pague" ou "O avarento".

A Funarte lancará um vídeo com imagens e fonogramas raros de Procópio, onde serão apresentados depoimentos de diversos atores e parentes do homenageado. Além disso, essa entidade cultural tenta catalogar os filmes protagonizados por Procópio para a produção de uma fita comemorativa.

No Rio e em São Paulo o lançamento do livro *O Mágico da Expressão* foi acompanhado por uma exposição de objetos pertencentes a Procópio.

Roquette Pinto

Um desbravador

Edgard Roquette Pinto nasceu em 25 de setembro de 1884, em Botafogo, no Rio de Janeiro. Seu pai era um rico advogado, Menelio Pinto de Mello, mas com certeza foi seu avô materno, o fazendeiro João Roquette Carneiro de Mendonça, que o criou e que, além de pagar-lhe os estudos, transmitiu-lhe o apaixonado amor à natureza.

Pouco era o contato do jovem Roquette Pinto com o pai, sofrendo muita influência do avô, em cuja fazenda Bela Fama, perto de Juiz de Fora (MG), viveu três anos. Segundo os biógrafos de Roquette Pinto, outros dois homens ajudaram a forjar a sua personalidade. Um deles, o biólogo Francisco de Castro, que conseguiu convencê-lo a abandonar a idéia de tornar-se oficial da Marinha, fazendo-o apaixonar-se pelas coisas da medicina e da biologia. O segundo, o médico Henrique Batista, que o converteu ao Positivismo, doutrina fundada pelo francês Augusto Comte (1798-1857). Segundo os positivistas, a redenção do homem só se dará através do conhecimento.

Apesar de todas essas influências, desde logo verificou-se que Roquette Pinto já havia traçado o seu rumo, e ele o conduzia à antropologia. Isso pode ser comprovado na sua tese de formatura: "O exercício da medicina entre os indígenas da América".

É curioso assinalar que o pouco convívio com a família paterna levou Roquette Pinto a alterar seu nome de batismo, Edgar Roquette Carneiro de Mendonça Pinto Viera de Mello, para Edgard Roquette-Pinto, com um hífen (ele fazia questão). Em 1905, quando se formou médico, legalizou seu sobrenome e, mais tarde, estendeu-o aos seus descendentes. Curioso é que ele dizia chamar-se Édgar, e não Edgár. Historicamente, porém, ficou famoso, mesmo, como Roquette Pinto.

Rondon entra em sua vida

Em 1906, aos 22 anos, Roquette Pinto apresenta seu primeiro estudo, *Os sambaquis*. Em setembro daquele ano ele viajara para o Rio Grande do Sul, tendo os sambaquis como meta. Estes são jazidas de conchas, ossos e utensílios do homem pré-histórico que habitou o litoral da América. Na época Roquette Pinto era assistente de Henrique Batista, antropólogo do Museu Nacional. Em 1908, assinale-se, Roquete Pinto casa-se com Riza, filha de Henrique Batista.

Roquette Pinto era médico-legista no Rio de Janeiro. Tomando conhecimento da existência de um concurso para professor de Antropologia e Etnografia do Museu Histórico Nacional, na Quinta da Boa Vista (RJ), candidatou-se e obteve o lugar.

E foi nesse museu, em 1911, que ele conheceu o tenente-coronel Cândido Mariano da Silva Rondon, de quem tornou-se admirador e amigo.

Resolveu, então, engajar-se na Missão Rondon, devassando todo o Noroeste de Mato Grosso. Em 1912 empreendeu uma expedição à região formada pelos rios Juruena e Madeira. Colheu tantos dados sobre os índios parecis e nhambiquaras que terminou escrevendo, em 1917, o livro *Rondônia*, com a narrativa da viagem Essa obra é considerada uma das maiores contribuições à etnologia brasileira.

Para valorizar ainda mais o seu trabalho, Roquette Pinto utilizou, nessa excursão, uma câmara cinematográfica e aparelhagem de som. Com isso ele tornou-se pioneiro em tomadas de fisionomias indígenas em *close*.

Enquanto acompanhou o mato-grossense Rondon, que há muito já vivia nas selvas do País, debravando-as, demarcando fronteiras, criando povoados, fazendo os primeiros contatos com tribos selvagens, levando o telégrafo às mais longínquas paragens, Roquete Pinto foi pau-pra-toda-obra. Desde etnógrafo a folclorista, passando por arqueólogo, geógrafo, sociólogo, botânico, zoólogo, lingüista e fotógrafo. E quando se fazia necessário não hesitava em transformar-se em enfermeiro, médico e legista. Nessa última qualidade está registrado que Roquette Pinto foi o primeiro cientista brasileiro a dissecar um cadáver, no caso o de uma indígena.

Como é óbvio, isso deu-lhe grande experiência sobre a natureza e os seres vivos. Passado algum tempo, Roquette Pinto era um *expert* em composição dos solos e entendia como poucos da flora e fauna brasileiras, além dos conhecimentos científicos e da organização familiar e política das tribos indígenas.

A morte a cada passo

Enganam-se aqueles que imaginam que as viagens de Roquette Pinto com Rondon eram simples aventuras, sem maiores problemas. Ao contrário. Por diversas vezes eles se viram frente a frente com a morte, como quando procuraram pacificar os nhambiquaras, que odiavam o homem branco. Muitos dos mateiros de Rondon foram flechados e mortos; outros acabaram capturados e com a cabeça decepada. E não poucos morreram vítimas das armadilhas que os selvagens espalhavam pela mata.

Somem-se a esses perigos os animais selvagens e as enfermidades, como o impaludismo, o beribéri e a varíola, que exterminaram muitos elementos da expedição. Sentimental, Rondon homenageava cada um dos mortos dando o nome do extinto a um acidente geográfico que encontrasse pelo caminho. As dificuldades também aumentavam com a morte dos animais de carga, burros, cavalos e bois, que utilizaram.

Não era fácil fazer com que os homens que acompanhavam Rondon compreendessem seu lema: "Morrer, se preciso for, matar, nunca." Roquette Pinto entendeu e explicou: "Nosso papel social deve ser simplesmente proteger, sem procurar dirigir nem aproveitar essa gente. Não há dois caminhos a seguir. Não devemos ter a preocupação de faze-los cidadãos do Brasil. Todos sabem que índio é índio, brasileiro é brasileiro. A nação deve ampará-los e mesmo sustentá-los, assim como aceita, sem relutância, o ônus de manutenção dos menores abandonados ou indigentes e dos enfermos."

Em novembro de 1912, de volta ao Rio de Janeiro, Roquete Pinto entregou, no Museu Nacional da Quinta da Boa Vista (RJ), mais de uma tonelada e meia de objetos que trouxe da Serra do Norte. Infelizmente o impaludismo também veio com ele, atormentando-o até o fim da vida. Roquette Pinto provara, porém, que um cientista, um intelectual, que vivera quase toda a vida com o maior conforto, em grandes centros civilizados, podia suportar e sobreviver as agruras da selva e seus perigos.

O radialista Roquette Pinto

Existe, porém, outra faceta da vida de Roquette Pinto tão importante quanto as suas aventuras entre os índios. Vivia-se o dia 7 de setembro de 1923 e no centro do Rio inaugurava-se a fantástica Exposição do Centenário, instalada na Esplanada, local nascido depois do desmonte do morro do Castelo. Até então a grande novidade musical eram os gramofones. Por isso ninguém deu importância às cornetas metálicas instaladas em alguns postes. Havia muito mais coisas interessantes para ver e fazer, como visitar os luxuosos pavilhões que representavam os países participantes e divertir-se na montanha-russa.

Foi quando, ao cair da tarde, os visitantes foram surpreendidos por vozes que pareciam vir do Além. Elas chegavam de todos os lados e, depois dos acordes do Hino Nacional, ouviu-se claramente a conhecida voz do presidente Epitácio Pessoa. Os sons, descobriram todos, saíam das tais "cornetas" penduradas nos postes.

Era o rádio que nascia popularmente em nosso país, numa iniciativa pioneira de Roquette Pinto. Compreendendo a importância daquela invenção, Roquete Pinto, na época com 39 anos incompletos, fundou, em 1923, a Rádio Sociedade do Rio de Janeiro, que passou a ser a Rádio Ministério da Educação e Cultura, e ainda a Rádio Escola Municipal, da Prefei-

tura do Distrito Federal, depois Rádio Roquette Pinto.
Foi ele que fundou, também, em 1937, o Instituto Nacional do Cinema Educativo, que dirigiu até 1947, época em que orientou a parte histórica do filme "O descobrimento do Brasil".

Roquette Pinto redigiu e gravou o comentário sobre arte marajoara do filme "Argila", exibido em 1940.

Escândalo na ABL

Em 1924 Roquette Pinto candidatou-se à Academia Brasileira de Letras, na vaga do poeta Vicente de Carvalho, mas foi derrotado. Três anos depois voltou às eleições da ABL, desta vez sendo eleito na vaga de Osório Duque Estrada. "Só usei o fardão na noite da posse. Nunca mais", se vangloriava. Na época era diretor do Museu Nacional.

No seu discurso de posse Roquete Pinto defendeu a tese de que fora o Brasil o responsável pelo início da Guerra do Paraguai, contra a opinião do acadêmico que ele sucedia. Vendo que sua declaração caíra como uma bomba no recinto, o novo acadêmico tentou suavizar suas palavras: "Pelo progresso de minha terra, tenho arriscado contente, e mais de uma vez, a vida que ela me deu. Mas só compreendo o patriotismo que não precisa de mentiras para manter sua existência."

Em 1927 Roquette Pinto escreveu *Seixos rolados* e em 1933 *Ensaios de antropologia brasiliana*, expondo uma visão otimista do Brasil e de sua gente, tese que sempre defendeu.

Poucos sabem que foi Roquette Pinto quem transmitiu a primeira imagem de TV no Brasil. Ele tomara conhecimento da nova e revolucionária invenção e, habilmente, montara um aparelho primitivo de televisão. Instalou a emissão na sede da sua rádio, na Rua da Carioca, e colocou um receptor na casa de seu amigo Flávio de Andrade, na Rua Cândido Mendes, em Santa Teresa. E conseguiu transmitir, com certa nitidez, apenas três letras: A, B e I, formando as iniciais da Associação Brasileira de Imprensa.

Dificilmente um homem que levasse a vida aventurosa de Roquette Pinto podia manter uma família unida. Ele quase não parava em casa, e sua esposa Riza era de temperamento totalmente diverso do seu. Tinham dois filhos: Paulo, nascido em 1909, e Beatriz, em 1911. O casal terminou se separando amigavelmente. Anos depois Riza casou-se com um oficial da Marinha. Roquete Pinto nunca mais casou.

A chegada do fim

Desde 1935 qualquer movimento físico provocava-lhe dores terríveis, que Roquette Pinto procurava esconder dos parentes e amigos. Ele estava sofrendo de espondilose, uma enfermidade degenerativa da espinha vertebral, que o deformava aos poucos. Para aliviar o sofrimento tomava dezenas de aspirinas diariamente. A cruel doença, no entanto, nunca impediu que trabalhasse.

Ele, que sempre fora admirado pelas mulheres, devido a sua beleza física, e que praticara esportes, sentia-se acabrunhado com o que a vida lhe reservara no final.

Aos 70 anos a Universidade do Brasil o homenageou com o título de professor honorário, a mais alta láurea universitária. Para chegar ao salão nobre Roquette Pinto teve que subir uma extensa escada. Chegou lá em cima com falta de ar e o cientista Carlos Chagas, que o foi receber, indagou-lhe porque não tomara o elevador. "Sou um homem disciplinado. O contínuo lá embaixo me disse que usasse a escada", explicou.

No dia 18 de outubro de 1954 Roquette Pinto sofreu um derrame fatal no seu apartamento da Avenida Beira-Mar, onde vivia sozinho, enquanto escrevia um artigo para o *Jornal do Brasil*.

Sylvio Caldas

O caboclinho querido

Sylvio Caldas foi criança prodígio. Tinha cinco anos quando apresentou-se com sucesso no Teatro Fênix, cantando uma música brejeira. Possivelmente sua vocação artística provinha do seu pai, Antônio Narcizo Caldas (1879-1958), considerado um regular compositor, muitas vezes convidado para fazer parte da comissão julgadora do Carnaval dos Ranchos.

O filho, batizado Sylvio Antônio Narcizo de Figueiredo Caldas, nascera em 23 de maio de 1908, na Rua São Luís Gonzaga, 209, no bairro carioca de São Cristóvão. Havia uma certa dúvida quanto à data do seu nascimento, mas seu irmão Murilo Caldas, que era de 1905, garantia que Sylvio viera ao mundo mesmo em 1908. Tudo porque o próprio Sylvio fugia ao assunto, não revelando a verdadeira idade.

O pai era carioca e proprietário de uma pequena loja que vendia instrumentos musicais, além de afinar e consertar pianos. Não raramente compunha, de forma amadorística, valsas, foxes, sambas e *schottischs*, uma especie de polca. D. Alcina Figueiredo Caldas

(1882-1975), a mãe, era gaúcha e mais conhecida como D.Neném, modista acatada, que viveu até os 93 anos.

Sylvio teve muitos irmãos, mas nem todos alcançaram a juventude. Vamos pela ordem: Honorina, Jurema, Murilo, Júlio e Aida. Sylvio ficava entre Júlio e Aida. Havia também dois temporões: Gildo (sonoplasta de televisão) e Irene (pianista), de um segundo casamento de dona Alcina, de sobrenome Santos e não Caldas.

O rouxinol da família

Desde menino Sylvio demonstrou qual seria o seu caminho na vida, apresentando-se em espetáculos teatrais e sendo requisitado para animar as festas nos clubes de São Cristóvão. No Carnaval, então, ele era presença obrigatória. Guri magrinho, mas de voz afinada, seguia sempre à frente do bloco "Família Ideal", na maioria das vezes carregado nos ombros de componentes da agremiação. Saudado como "rouxinol da Família Ideal" mandava ver:

Eu sou bilontra

Gracioso cantor

Eu tenho um amor

que não sei o que será

Eu amo uma menina

porque ela tem dinheiro
pois sou um brejeiro
Tiroli! Tirolá!
Sambar também era com ele. E o fazia com graça, debaixo do aplauso de quem o via desfilar. Mas cresceu não gostando de estudar, fugindo das aulas do grupo escolar. Terminou largando os livros pra lá e foi trabalhar na Garagem Esperança, como mecânico. Em 1924, aos 16 anos, manda-se para São Paulo, levando o violão debaixo do braço. Nessa cidade trabalha em diversas oficinas, como a Tobias de Barros & Cia. e a Telefônica. Depois percorre o interior do Estado como motorista particular. Durante algum tempo, de vacas magras, chega a trabalhar como lavador de carros em Catanduva (SP). Mas nunca abandona o violão e sempre que há uma chance canta para os amigos e companheiros.

Três anos depois, movido pela saudade, volta para o Rio de Janeiro, e pensa em fazer carreira com a música, influenciado pelo rádio e pelo disco.

O cantor Milonguita (Antônio Santos) ouve Sylvio cantar e, entusiasmado, leva-o para um teste na Rádio Mayrink Veiga. Na ocasião faz amizade com os compositores Uriel Lourival e Cândido das Neves e com o pianista Bequinho, que o ajudam a abrir portas.

Em 1929 vai trabalhar na Rádio Sociedade, ganhando um cachê de 20 mil-réis por noite. Na época, entre seus colegas encontram-se Gastão Formenti, Francisco Alves, Patrício Teixeira, Rogério Guimarães, Estefana de Macedo e outros menos cotados.

Temendo que o canto não lhe desse o necessário sustento, não abandona a profissão de mecânico, na qual é um craque e em certa ocasião, encarrega-se da manutenção de 20 caminhões utilizados na construção da estrada Rio-São Paulo.

Em fevereiro de 1930, no entanto, a coisa evolui e Sylvio Caldas grava o seu primeiro disco na Victor. É isso que está na sua biografia oficial, mas Sylvio contestava esse dado e garantia que tudo teve início na Brunswick.

Os pesquisadores da MPB descobriram, mediante datas e matrizes de gravação, que de 1930 a 1931, ele na verdade gravava nas duas empresas. Finalmente ficou gravando apenas na Victor, uma vez que em 1931 a Brunswick cerrou suas portas. Nesta, seu último disco (10.167) contém dois sambas de autoria do próprio Sylvio: "Para o Príncipe de Gales" e "Eu vou andando".

De início marchas e sambas

Sylvio Caldas gravou 15 músicas na Brunswick. No Lp 28, a Revivendo relançou, do primeiro deles, "Recordar é viver" e "Amor de poeta", composições de Sinhô, e "Cutuca Maroca", do terceiro disco, marchinha de D. Guimarães e Lamantine Babo.

Nessa fase de cantor e compositor, Sylvio Caldas dedicava-se basicamente a cantar marchas e sambas. O seresteiro Sylvio Caldas nasceu na verdade em 1934, quando passou a fazer parceria com Orestes Barbosa. De início Sylvio notabilizou-se interpretando sambas, formando ao lado de Orlando Silva, Francisco Alves e Carlos Galhardo, os famosos cantores da época de ouro da MPB.

Ary leva-o para o teatro

Ary Barroso levou-o para o Teatro Recreio, onde trabalha, em 1930, na revista "Brasil do amor" (Ary Barroso e Marques Pôrto), estrelada por Margarida Max. Nessa mesma casa de espetáculos lança "Faceira" (Ary Barroso), gravada pela Victor, seu primeiro e grande sucesso. Quase ao findar 1932 obtém outro êxito, com "Maria", de Ary Barroso e Luís Peixoto.

Depois de outros êxitos chega à fase da parceria com Orestes Barbosa, demonstrando que a seresta era mesmo o seu quintal. Em 1937 lança "Chão de estrelas" (com Orestes Brabosa) e "Meu limão meu limoeiro" (tema popular com arranjo de José Carlos Burle), em dueto com Gidinho. No ano seguinte é eleito "Cidadão Samba", após o estouro da música "Pastorinhas", de Noel Rosa e João de Barro.

No final da década de 60 Sylvio Caldas afasta-se da vida artística e recolhe-se a um sítio em Atibaia

(SP), apresentando-se raramente e sempre dizendo que aquele seria seu último show. Isto fez com que o apelidassem de "cantor das despedidas". Em 1995 participou do CD "Songbook Ary Barroso", cantando "Quando eu penso na Bahia", em dueto com Aurora Miranda.

Um grande sujeito

Os que tiveram a ventura de conviver intimamente com Sylvio Caldas descrevem-no como um sujeito alegre, acessível, simples, cheio de vida e muito charmoso. De espírito aventureiro, de certa feita meteu-se mata a dentro para garimpar. Possuiu belas e luxuosas casas e foi proprietário de alguns restaurantes, comandando suas cozinhas, já que era um exímio cozinheiro. Almirante vivia gabando suas peixadas.

Defensor número um da música popular brasileira, em suas apresentações sempre achava um jeito, entre uma canção e outra, de defender o que é nosso, sugerindo que deviam incluir a MPB no currículo escolar.

Quem não se lembra?

Seu repertório é imenso e belo. Impossível citá-lo por inteiro, mas é possível apresentar algumas de suas canções de maior sucesso: "Minha palhoça" (J.Cascata), "Um caboclo abandonado" (B.Lacerda /

H. Martins), "Arranha-céu" (c/ O. Barbosa), "Da cor do pecado" (Bororó), "Mulher" (C. Mesquita / S. Cabral), "Serenata" (c/ O. Barbosa), "Chuva miúda" (com Frazão), "Foi ela" (Ary Barroso), "Até amanhã" (Noel Rosa), "Jangada" (Hervê Cordovil / Vicente Leporace), "A jardineira" (Benedito Lacerda / Humberto Porto), "Faceira" (Ary Barroso).

A maioria é tocada até hoje, com ótima aceitação. Haja vista "Da cor do pecado", recentemente apresentada numa novela de TV.

Sylvio Caldas faleceu no dia 3 de fevereiro de 1998.

Vinícius de Moraes

"Cada segundo como nunca mais"

"**F**ora do amor, tudo é válido, nada importa", foi uma das frases que marcaram uma entrevista do poeta Vinícius de Moraes, dada dias antes de sua morte, a 9 de julho de 1980. Com seu jeitão alegre, aparentemente em paz com a vida, muitos acreditavam que aquele que carinhosamente era chamado de "poetinha" ainda ia viver muitos anos. Seus amigos tinham até preparado uma série de festas e homenagens que pretendiam realizar em comemoração aos seus 70 anos, no dia 19 de outubro de 1983. Mas Vinícius foi embora antes, infelizmente.

Muitos culparam sua prematura ida àquele que ele jocosamente chamava de "cachorro engarrafado" e com o qual conviveu intimamente por muitos anos, no final bem batizado, no copo havendo mais água que uísque.

Sempre de bom humor, mesmo quando repreendido pela mãe, que não aceitava o vício da bebida e constantemente quebrava suas garrafas de uísque. Segundo Tom Jobim, que também já nos deixou, nessas ocasiões Vinícius virava-se para ela e de forma gozativa fingia-se zangado: "O que é que eu vou oferecer, agora, aos meus amigos, mamãe?"

Alteração de nome

O poeta Marcus Vinitius da Cruz e Mello Moraes nasceu no dia 19 de outubro de 1913, na Rua Lopes Quintas, 114, no bairro carioca da Gávea. Aos nove anos vai, com a irmã Lygia, ao cartório na Rua São José, no Centro do Rio, e altera o seu nome para Vinícius de Moraes. Criado por sua mãe, Lydia Cruz de Moraes, exímia pianista, e ao lado do pai, Clodoaldo Pereira da Silva Moraes, poeta bissexto, Vinícius cresce morando em diversos bairros do Rio de Janeiro. Desde cedo demonstra forte tendência para a poesia. Em 1931 entra para o Centro de Preparação de Oficiais da Reserva (CPOR). Em 1933 publica seu primeiro livro de versos, *O Caminho para a Distância*, no mesmo ano em que forma-se em Direito. Mais tarde, arrependido, recolhe a edição. Nessa mesma época escreve suas primeiras letras de música popular. Em 1936 substitui Prudente de Moraes Neto como representante do Ministério da Educação junto à Censura Cinematográfica. Em 1938 ganha a primeira bolsa do Conselho Britânico para a Universidade de Oxford, onde estuda língua e literatura inglesas e trabalha como assistente do programa brasileiro da BBC. Por essa altura já havia publicado mais três livros de poesia: *Forma e exegese* (1935), *Ariana, a mulher* (1936) e *Novos poemas* (1938).

Aproveita a estada na Inglaterra para acabar de escrever *Cinco Elegias*, publicado em nosso país em 1943. Com a eclosão da Segunda Guerra Mundial regressa ao Brasil, casado por procuração com Beatriz Azevedo de Mello. Em 1940 nasce sua primeira filha, Suzana. Permanece algum tempo em São Paulo, onde conhece Mário de Andrade, de quem se torna grande amigo. Em 1941 dedica-se ao jornalismo como crítico de cinema do jornal *A Manhã*. Em 1942 nasce seu filho Pedro. No ano seguinte ingressa, por concurso, na carreira diplomática. Dirige em 1944 o Suplemento Literário de *O Jornal*, onde lança, entre outros, Pedro Nava, Oscar Niemeyer, Carlos Leão e Lúcio Rangel. E publica desenhos de artistas plásticos ainda em início de carreira, como Athos Bulcão, Alfredo Ceschiatti e Carlos Scliar. Sofre um grave desastre de avião em 1945, na viagem inaugural do hidro "Leonel de Marnier", perto da cidade uruguaia de Rocha. Em 1947 participa da fundação da revista *Filme* e mantém contatos com Orson Welles, Walt Disney e Gregg Toland. Em 1946 assume seu primeiro posto diplomático: vice-cônsul em Los Angeles, Califórnia (USA), ocasião em que publica *Poemas e Baladas*. Em 1949 lança *Pátria Minha*. Fica nos Estados Unidos até 1951. Nesse mesmo ano casa-se pela segunda vez, com Lila Maria Esquerdo e Bôscoli. Em

1953 nasce sua filha Georgiana e Vinícius compõe seu primeiro samba, música e letra, "Quando tu passas por mim". De 1953 a 1956, ainda como diplomata, serve em Paris, como segundo-secretário da embaixada. E em Montevidéu, de 1958 a 1960.

1956 marca a encenação da sua peça teatral "Orfeu da Conceição", no Rio de Janeiro, com música de Antônio Carlos Jobim e cenários de Oscar Niemeyer. Peça que, dois anos depois, é transformada em filme pelo cineasta francês Marcel Camus, batizada como "Orfeu Negro", e ganha a Palma de Ouro do festival cinematográfico de Cannes. Também em 1956 nasce sua filha Luciana.

É interessante contar como nasceu "Orfeu da Conceição". O texto de Vinícius foi escrito para um filme do diretor francês Sacha Gordine, ao tempo em que o poeta encontrava-se em missão diplomática na capital francesa. Mais tarde Vinícius transformou-o num texto teatral e, em 1954, inscreveu-o no concurso do IV Centenário de São Paulo. É premiado e monta o espetáculo, que termina sendo encenado na Broadway, em 2001.

A maior parte da produção literária de Vinícius de Moraes encontra-se em sua *Antologia Poética*, lançada em 1955. Em 1957, publica *Livro de Sonetos* e passa a fazer parte da delegação do Brasil junto a UNESCO. Dois anos depois lança *Novos Poemas*.

Em 1958 sofre grave acidente de automóvel e casa-se com Maria Lúcia Proença. Em 1961 é apresentada a edição italiana de "Orfeu Negro".

A garota de Ipanema

O ano de 1963 é um marco importante na vida de Vinícius de Moraes, pois foi quando compôs, com Antônio Carlos Jobim, o imortal samba "Garota de Ipanema", que obteve sucesso internacional. Nesse mesmo ano casa-se com Nelita Abreu Rocha e retorna a Paris para o seu posto junto à UNESCO.

Poucos tomaram conhecimento mas em 1966 é exibido no Brasil o filme "Arrastão: os amantes do mar", realizado na França por Antoine d'Ormesson, com roteiro escrito por Vinícius de Moraes. Nele, em termos de folclore brasileiro, é contada a lenda de Tristão e Isolda. Nesse mesmo ano são feitos documentários sobre o poeta pelas televisões americana, alemã, italiana e francesa. Seu "Samba da benção", em parceria com Baden Powell, é incluído, em versão do compositor e ator Pierre Barouh, no filme "Un homme... une femme", vencedor do Festival de Cannes do mesmo ano.

Em 1968 os esnobes do Itamaraty, achando que um compositor de música popular, companheiro de gente como Chico Buarque, não podia fazer parte dos seus quadros, o exoneram da casa de Rio Branco.

Vinícius, embora concursado desde 1943, não deu a mínima para a injustiça e chegou a dizer ao amigo Paulo Mendes Campos: "Além de tudo, isto é uma burrice. Onde já se viu cortar as asas do pássaro para ensiná-lo a fazer o ninho no galho certo."

Em 1969 casa-se com Cristina Gurjão, com quem tem uma filha de nome Maria. No ano seguinte une-se à atriz baiana Gesse Gessy. E inicia a proveitosa parceria com o violonista Toquinho.

Em 1976, novo casamento, agora com Marta Rodrigues Santamaria. No ano seguinte casa-se com Gilda de Queiróz Matoso. Em 1979 participa de leitura de poemas no Sindicato dos Metalúrgicos de São Bernardo do Campo (SP), a convite do líder sindical Luiz Inácio Lula da Silva. Voltando de viagem à Europa, sofre um derrame cerebral no avião. No dia 17 de abril de 1980 é operado para a instalação de um dreno cerebral, mas termina morrendo a 9 de julho daquele ano, vítima de edema pulmonar.

Um homem e muitas mulheres

Segundo os biógrafos de Vinícius de Moraes, ele teve, oficialmente, oito mulheres. Certa ocasião Tom Jobim indagou-lhe: "Afinal, poetinha, quantas vezes você vai se casar?" Vinícius respondeu: "Quantas forem necessárias."

Figura das mais importantes do movimento da Bossa Nova, Vinícius de Moraes foi autor de várias composições de sucesso, tendo como parceiros musicais Antônio Carlos Jobim, Carlos Lyra, Baden Powell, Edu Lobo, Francis Hime e Toquinho (Antônio Pecci Filho).

Seus dois últimos discos gravados foram de poemas infantis musicados : "Arca de Noé nº 1" e "Arca de Noé nº 2".

Em 2001 a indústria de perfumes Avon lança a "Coleção Mulher e Poesia – por Vinícius de Moraes", com as fragrâncias "Onde anda você", "Coisa mais linda", "Morena flor" e "Soneto da fidelidade".

Vinícius era um autêntico boêmio, adorava ficar horas, o copo de uísque com gelo rodando na mão direita ou depositado ao lado, em longas conversas com gente inteligente, do porte de Tom Jobim, Rubem Braga, Fernando Sabino, Paulo Mendes Campos e Hélio Pelegrino. Uma seleção de cabeças coroadas para ninguém botar defeito.

Era fácil ser amigo de Vinícius de Moraes. Ao mesmo tempo em que freqüentava essa roda de bacanas, não se furtava a um bate papo com um joão ninguém.

Havia também as reuniões no Exterior, nos mais diversos países, quando encontrava-se com amigos como Pablo Neruda, Orson Welles e Luis Buñuel. Onde desse com eles, era certo um tempão de conversa, sem hora para terminar a tertúlia.

Opiniões abalizadas

Quando Vinícius de Moraes faleceu o crítico de MPB Tárik de Souza definiu o poeta com a maior propriedade: "Ele não era um só, era tantos, como indicava o plural do seu nome. Vinícius de Moraes demoliu a fronteira que separava o poeta erudito do compositor popular (...) O engravatado do Itamaraty foi ao candomblé e à capoeira, instalando afro-sambas com Baden Powell (o primeiro, "Água de beber", ainda com Tom), em pleno território *cool* da bossa nova (...) Nunca discriminou ritmos ou gêneros. Também assinou sozinho letras e músicas como as da 'Valsa de Eurídice', a camarística 'Medo de amar' ou o sambinha 'Teleco-teco', escrito especialmente para o amigo cantor Cyro Monteiro, a quem chamava de 'um abraço de humanidade'."

Dele disse Tom Jobim, no dia do adeus: "Vinícius deu à música nacional positividade e proporcionou a ela uma virada em seu conceito."

Toquinho acompanhou Vinícius de Moraes por onze anos. E estava ao seu lado quando o poeta faleceu. "Eu estava na casa dele e acordei com a empregada me chamando em desespero. Vinícius respirava ofegante e a gente mal teve tempo de chamar por socorro."

Foi-se, então, aos 67 anos, aquele que assim via a vida na canção "Tomara": "A coisa mais divina que há no mundo / é viver cada segundo como nunca mais."

Projeto gráfico: *Sonia Maria de Moraes Pitombo*
Foto da capa: *Aracy de Almeida, Érico Veríssimo, Procópio Ferreira, Leônidas da Silva*
Finalização: *Imos Laser*
Impressão: *BOOK*